新教育文库·通识书系

这一群有种的教师

童喜喜／主编

长江出版传媒 | 湖北教育出版社

(鄂)新登字 02 号

图书在版编目(CIP)数据

这一群有种的教师/童喜喜主编.
—武汉:湖北教育出版社,2015.4(2021.10 重印)
(新教育文库.通识书系)

ISBN 978-7-5564-0208-3
Ⅰ.这…
Ⅱ.童…
Ⅲ.中小学-教师-教学工作
Ⅳ.G635.1

中国版本图书馆 CIP 数据核字(2014)第 127067 号

这一群有种的教师 ZHE YI QUN YOU ZHONG DE JIAO SHI

出品人	方　平		
封面设计	石绍康	责任编辑	聂海龙
美术编辑	牛　红	责任校对	魏志军
摄　　影	薛晓哲	责任督印	张遇春

出版发行	长江出版传媒	430070	武汉市雄楚大街 268 号
	湖北教育出版社	430070	武汉市雄楚大街 268 号
经　　销	新　华　书　店		
网　　址	http://www.hbedup.com		
印　　刷	黄冈市新华印刷股份有限公司		
地　　址	黄冈市宝塔大道 89 号		
开　　本	710mm×1000mm　1/16		
印　　张	16		
字　　数	200 千字		
版　　次	2014 年 6 月第 1 版		
印　　次	2021 年 10 月第 2 次印刷		
书　　号	ISBN 978-7-5564-0208-3		
定　　价	34.80 元		

目
录

前　言
我们，有种！

教育，是个人成败的症结，是社会万象的缩影，是未来兴衰的征兆，是人类进退的标杆。所以，好教育是个综合工程，教育问题往往不仅仅是教育的问题，更不仅仅是学校教育的问题。

此时此刻，转型时期的中国，社会问题纷繁复杂，教育问题也层出不穷。唯一相同的是：所有大大小小的问题，汇聚之后的焦点通常被归结到学校，更有可能直指教师——那个站在讲台前的人。

因此，背负着如此压力，在我心中，悲壮是教师的代名词。在我心中，我最能体谅的，是教师的职业倦怠。

因此，在这样的大环境下，当我见到这样一群教师，就不由得让我由衷地敬佩与喜爱——他们不世故，不虚无，也不故作高深。他们有理想，但深深扎根于现实大地，深深扎根于一节节课堂、一个个孩子之中。他们微小如萤，光芒如萤，飞舞如萤，他们只是尽己所能地振翅，从未留意甚至不敢相信，这生命之光已经悄然美丽了暗夜。

新教育实验发起人朱永新老师曾经用“戴着镣铐也能跳出精彩的镣铐舞”来激励教育工作者。这群人，则正是以言行、以生命为这句话注解。这样的一群人，有一个共同的名称，叫：新教育种子教师。

戴着镣铐，仍然起舞，他们——有种！

很幸运，我与这个名称有着千丝万缕的联系。

2010年9月7日晚，我突然接到许新海老师的电话，说新教育基金会新近成立，聘我当副秘书长。可怜我那时根本不懂什么叫副秘书长。但在此之前我已经主动申请给基金会当义工，于是神经一错乱，就答应下来，宣布要做一个“义工副秘书长”。

近两个月的体验后，11月5日，我赶紧给诸位老师写了封邮件，“辞去副秘书长一职，回归义工身份”。因为我发现：“我能为基金会做的所有事，以义工的身份完全能同样去做。”那时我开始懂得：我，只想实在地做一点好玩儿的小事。

是有了这样的心愿，才在朱永新老师的当面邀请下，在新教育研究中心干国祥老师、魏智渊老师的鼓励支持下，我答应启动新教育种子计划公益项目。那是2010年11月29日。

我是怎样玩儿的呢？

人数上，第一批只招募了6位种子教师……

经费上，我为了逃避填表之类的麻烦，索性用自己的稿费来资助教师。时任新教育研究院院长的卢志文老师闻讯向我捐赠4万……

管理上，每个人只需要在加入时向我写一封承诺信。接下去，没有时间限制，没有资助计划，没有任何要求……

而我这个项目负责人呢？借各地邀请做讲座之机，四处流窜，一年中走进了所有种子教师的教室，能够住种子教师家，就绝对不住宾馆。如果说这还算工作负责的话，那么以下种种，堪称劣迹斑斑了：为大家联系去某名校游学，心血来潮规定每人每天写1万字记录，谁没写出来我就掐谁，真把其中一个胳膊掐紫了；为了省钱，开会时能省则省，有时为了省住宿费就几个人挤在一个房间，最多时一个两人间住了5个人，我们挤在一屋乐此不疲，天天衣裳都不用洗；情人节，对大家进行威逼利诱，不分男女每人给我写一封情书……

天可怜见！回首往事，我都不敢相信：这是我吗？这个我，就是新教育种子计划的第一任项目负责人？

是的。

从未真正当过老师，也未受过名校教育，对教育基本是一窍不通，这样的我，怎么会大摇大摆地做起这个培训教师的公益项目……我究竟是怎么想的？我忘记了。

我只能肯定：傻小子睡凉炕——全凭火力壮。当年，我的确是人傻胆大，火力极壮，堪称傻得有种。

就这样，我和他们，这原本永远不会相交的平行线，却因为新教育种子计划公益项目，变成了一个词——我们。

我们，就这样有笑有泪地向前走。

走着走着，时间从2010变成了2014；性质从我的私人小玩闹变成了华严集团定向资助的正规公益项目；负责人从我到蓝玫到硕果……今天的新教育种子计划项目，从规章制度到口号、logo，一应俱全。更重要的是：所汇聚的种子教师，从第一期的6位，到现在最新数据是219位。

此时此刻，此情此景，还能说什么呢？

千言万语，终是化为这一句：行动就有收获，坚持才有奇迹——只要我们有种！

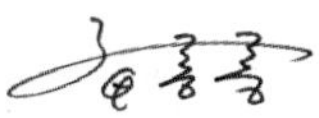

6月9日晨于北京

上篇

花开的声音

花开的声音，是生命的歌声。

从2012年1月开始，《河南教育》杂志开设了“花开的声音”专栏，请一线教师书写自己的成长故事，由童喜喜担任嘉宾主持进行简短点评。这些真人真事的记录，受到了读者们的欢迎，专栏也从2012年一直延续到2014年。这一组文章即为专栏里的部分稿件。

青青园中葵

作者/第20号春季种子 胡盈

刚过去的七月，我送走了我的第六个毕业班。至此，我工作18年了。在主动的审视与总结中，真切地体会到往事不堪回首。而我是怎样走过来的呢？面对曾经的自己，我认真审视着，因为曾经的那个我，也许依然在某个地方存在着。

|推石头的西西弗斯|

我出生时正值教师节。我的家在西北农村，在父母眼里，女孩子最好的职业莫过于当老师：端铁饭碗，有寒暑假，好找对象。可我却一直不喜欢当老师。甚至外出的时候，从来不喜欢说自己是老师。其中的原因一言难尽。

实习时在一个偏远的农村学校，曾有个后来当了老师的女生，辗转找到我表示感谢。我很惭愧。如果说那个时候对孩子们有所助益的话，大约是生命中最本真的善良和热情吧。

我虽然不是很喜欢这个职业，但正式分配前，对这个新的开始还是有很多美好的憧憬。现实却总是不堪：我分到一所城中村小学。这里居住的人员庞杂，以生意人和各色社会闲杂人员为主，孩子自然难以管教。每个班都有六七十个人，教室里坐得满满当当。老师语数全包，每天都忙得四脚朝天，焦头烂额。

在那里，印象最深的就是力了。他长得不像他爸爸，那个五大三粗的工人。也不像她妈妈，那个一团和气的胖女人。后来才知道，那个妈妈是他的后妈。他的亲生母亲在他五岁时离开了他。

然而他的不幸，并非后妈对他不好，而是因为他从小有个坏习惯。他的生母是做小食品生意的。他从小就在母亲的摊上长大。每次想要吃什么小东西，母亲从来不许他在自己摊位上拿，让他在隔壁或者对门偷偷拿，因为相熟，又是小孩子，即使发现了，也顶多笑孩子不懂事。

他上学后，这个习惯根深蒂固，怎么也无法改掉。垃圾堆里，乒乓球桌子底下，袖筒里，裤腿里，家里的厕所里，都是他藏东西的地方。一次我带他去办公室，途中要经过三个班。等他站在我旁边，手上已经多了一样东西。他说那是他捡的文具盒。

为了这事，他的爸爸没少打他。那个五大三粗的工人只相信拳头。有次体检，医生发现他背上有胳膊粗的红印，已经肿起来了。有一次，被爸爸打后他出走了，最后他被巡逻的警察送回来了。还有一次，他跟着别人，溜上了火车，准备到河南找生母。到河南时，因为偷馍馍吃被人发现，又被送了回来。

记得他，自然是因为曾经在他身上用过很多心。对于这个缺乏安全感的孩子，没有什么比一点点温暖更让他动心。毕业大约六七年后，有次接到警察的电话，说他偷东西被抓了，怕家人打他，只肯说出我的电话，让我过去领他。有同事提起这事，总要嘲笑我。我不知道这该算是老师的失败还是成功。有些心酸和无奈，但心底还是有一丝温暖的，他在最不堪的时候，想到的是要我去救他，在毕业几年后，这份信任让我感怀。

其实那时我的梦想是成为一名作家。做一个教师，可以让我有一个稳定的工作不愁衣食，有稳定的假期可以旅游书写。至于工作，当然可以随波逐流，不出大错就可以了。

所以工作之初，一直生活在书里，一直生活在别处。天天按部就班地做该做的事情，感觉只有下了班，时间才属于自己，世界才是真正的世界。那时总觉得铁打的学校流水的学生，自己就像西西弗斯一样，每一届都推着不同的石头。没有想过要特别在谁身上下功夫。也许因为他屡出事端，才格外关注吧。

|麦田里的守望者|

一个欣赏我的老师曾对我说，不要总想着跳槽，一个连老师都当不好的人，是什么也做不好的。

是啊，作为一份职业，既然做了，还是应该把它做得更好。于是我很努力地去学习。准备各种公开课，写很多论文，为了抓成绩，整天给孩子补课。孩子们喜欢我，家长尊敬我，他们都觉得我是负责任的好老师。我自己写了不少论文，各级各类的奖项也有不少。很快，就被调到了市中心。一所一级一类学校，市重点，省示范。

对别人来说，这只是一次小小的调动。对我来说，不亚于一场心灵地震。在这个行业呆得越久，慢慢体会出它的好来。尤其是调动的时候，反复权衡，才真正觉得这个职业的好。每每想到自己会在一个个孩子的人生启航阶段，扮演这么重要的一个领路人的角色，心中就会很自豪。一个个孩子，会因为自己的努力而改变，还有什么比这个更让人欣慰?

所以来到这所重点学校时，我抱着好好干，干出点名堂来的心思。何况，我来自农村，从一所城中村小学里过来，从毕业开始就没有经历过正式的教学教研，总怕别人笑话，也总得做点什么让别人瞧瞧。

现实又给了我一盆冷水：我接的是五年级，是两校合并的一个班，全校最烂的一个班。没有人接的一个班。班里有几个孩子，已经全校闻名。

飞就是最突出的那个。我接班的时候，他已经算得上臭名昭著，都说他坏得不可救药。他帅得一塌糊涂，一点都不像一个邋遢的傻乎乎的坏小子。但是因为他，数位女同事被气哭，一位男同事因为打他被革职。他蛮横得曾有学生父母冲进教室要教训他。他有个双胞胎弟弟，高他一级已经毕业了，毕业考试后没来领毕业证，据说是头被别人砍了一刀。

而他的父母，那一对事业成功的夫妇，把这一双智商很高、有些淘气、帅气的小伙子当包袱一样恐惧。他们对孩子已经无能为力。他逃课时我去过他的家，两个十来岁的小男生，独自住在闹市中的单元房子。每周300块的生活费。沙发上全是脏衣服，电话埋在里面找不见。地上满是烟头酒瓶子。每人房间一台电脑，什么乱七八糟的碟都有。

我一直建议他，一定要去当兵。他总是说："老师，你对我的好，我知道。我不会给你丢脸的。”他虽然倔强，总是能听我的话。无论怎么学不进去，也能把以前从来不写的作业交上来。即使趴着睡觉，也绝不说话。他跟老师打架时，就像两头红了眼的斗牛在僵持，大家都吓傻了，当我奔来失声大叫放手时，他竟然真的放了手。他爱说：“老师，我给你面子。”这句话现在想来，真叫人心酸。因为只有我去过他的家。只有我，给了他尊重。孩子的要求，从来都那么简单。即使是这样的一个孩子，他也知道谁是真心对他好。

遭遇的这样一些问题，我开始在书中寻找答案。飞的故事让我难过。我开始想，做个麦田里的守望者也不错，就这样用心去呵护那些叛逆而迷惘的心灵。

可真正行动起来，所做的事情具体又琐碎，根本并不美好，像家务活一样干也干不完，这脏兮兮的世界，似乎无论怎样都擦不干净。本来内心存有救世的干净清澄的梦想，但最后总是变成西西弗斯式的痛苦。日复一日的琐碎，婆妈的生活，质疑和对这个世界的无力感。我就这样迷茫着又开始寻找。这时，看到了教育在线网站。

|许多孩子像春天|

一个朋友说：永远不要满足于被动地无所作为地承受和接受——让世界从你的表面毫无改变地滑过——要避免陷于这样的状态。哪怕你的身体不能移动，你的头脑也不要停。

我当然希望主动做些长久的有意义的事情。虽然我喜欢旅游和读书，但对我而言，这都只是增长阅历的一种方式。最终来说，我需要一个有意义的职业生涯。这个目标看起来很宏大，但是对教师这个职业，每一个细节都能有一个宏大的目标指引，才能有意义。

我走进了教育在线网站，又再次出发。看到朱永新教授说，要过一种幸福完整的教育生活。我想，这应该是每一个老师的梦想。自己的满足和幸福最直接的是自己的职业，而不是远在天边。常常我们的目光只在远处，却没有注意脚下的山峰。经营好自己的职业，让它成为兴趣所在和创新源泉最便捷的办法。有干一行爱一行的信心，才有成功的可能。

当我带着这样的反思，回到我的教室，面对着几十双充满信任的眼睛，我惭愧了。

我曾经一直以为，自己是个负责任的老师，也是个合格的老师。我自诩是个读书人，是个文学青年，看过的书很多，也买了很多书。可真的比照一个语文老师的要求，差得太远了，教育类的书籍平时是不看的。当我看到那些正在网络上学习、正在教室里开展新教育实验的榜样教师们用汗水和辛勤写下的叙事时，我震惊了。我惊叹于他们的细心和认真，感慨于他们的执着和专业。仿佛有一种无形的力量召唤着我。我慢慢从云端走向现实。我发现仅仅自己学习是不够的，真正的教育应该是在教室里。真正的改变也应该在课堂里，在教室里，在学校里。

于是，我和孩子开始挑战很多不可能：在按时完成学校全部教学任务的前提下，完成狄金森晨诵之旅，完成3本书的共读，完成“遨游汉字王国”的六次实践活动，完成了12节电影课，完成了13期班级周报……这一切，全都是利用课外时间完成的。慢慢寻到自己的节奏，走稳自己的步子。短短十七周时间，感觉好紧张。我们的每一步，走得扎扎实实。

这一次，故事太多，用心太深，反而不知从何说起。毕业前，一个孩子问我，老师，如果没有遇见你，我们会怎么样？

我笑了。

幸好，世上没有如果。我们都很幸运，我找到了自己生命之所托，职业的意义所在，他们的生命也因此启蒙，健康成长。

一届届的孩子走了，一群群的孩子又来了。他们一季季地来了又去了。每一季与每一季，是如此相似又如此不同。他们有自己的季节，生命，终会活泼泼地发芽、开花，在属于他们的季节里绽放。我们既是他们生命中的一段插曲，也是他们生命的守护者、见证者、指路人。而我的生命，就这样和孩子们的成长一起丰盈。

网名：木槿树　　西安市新城区西一路小学

童喜喜点评

“少壮不努力，老大徒伤悲”是古人留下的励志警句，为人熟知。可是少有人记得，这首《长歌行》的前半段描绘过那般蓬勃的美好：“青青园中葵，朝露待日晞。阳春布德泽，万物生光辉。”

工作18年，木槿树老师从拒绝提及自己是老师，到从教育中发现“万物生光辉”的璀璨，实在是一条漫漫长路。

成长，的确是漫长的。所幸走过的路上见过的风景，都会成为心灵的一部分。所幸对于生命而言，美好的并不是春天，而是希望。怀着那颗火热的希望的心看去，四季皆美。尤其对于教师而言，与孩子相伴相随，这是命运的德泽，这让我们能够终生成为青青园中葵，永远朝向阳光不知疲倦地成长。

我要唱的歌

作者/第09号夏季种子 王桂香

我要唱的歌，直到今天还没有唱出。

每天我总在乐器上调理弦索。

时间还没有到来，歌词也未曾填好：只有愿望的痛苦在我心中。

花蕊还未开放；只有风从旁叹息走过。

——泰戈尔《吉檀迦利13》

细细回顾我这几年的成长，有一个关键词是绝对绕不过去的：网师。所谓网师，是一个民间自办、完全免费、不发文凭、却对学员的学习要求堪称严苛的网络学习共同体，全称是新教育网络师范学院。我从中获益巨大，却从不轻易在别人面前说出这个词，因为敬畏。

从遭遇网师到现在，已经是第三个年头了。

| 那个踽踽独行的我 |

回顾三年前的自己，那时的困顿与迷茫依然清晰记得：从教英语改教语文，面对初中课文，除了依赖教参还是依赖教参。后来买了电脑上了网，开始搜索名家解读，名师课例，买来一些语文名师的书，模仿名师的课堂，但真正要自己独立解读文本，内心则惶惶然！可我又多么希望能在语文课堂上游刃有余啊。

那段时间，盲目地读书，盲目地照搬，印象最深刻的一个例子是读了魏书生的《语文教学漫谈》后，也给学生布置“定量作业”，完全没有考虑学生有没有充足的课余时间，结果我在课堂上讲课，学生在下面忙着写定量作业。面对青春期的孩子，我不了解他们的心理，于是大发雷霆，师生关系陌生而紧张，学生的考试成绩自然也非常糟糕。

所幸一个学期后及时弥补，师生关系才有所好转，但是语文课堂我始终都不满意，理想中润泽的课堂怎么达到呢？如何实现专业成长与专业发展呢？

2009年初，我在博客上郑重地写下自己的近期心愿：两年内让我和我的学生都能陶醉于语文课堂。为了这个目标，我为自己定下了每天、每周、每月的具体计划，并与博友素儿和若涵结成“言必信，行必果”的博客同盟，来互相监督——

每天利用早自习辅导时间，背《论语》《古文观止》；每月读三本书并写出读书笔记；每周看三个语文教学视频或名师课堂实录；每周至少写三则教学反思日记；每月请同事听课一节……

三个月之后，我迷茫了：虽然计划仍在进行，但我已经在怀疑我这样努力是不是有效。为什么自己总觉得没多少进步呢？今天照搬这个名师的教案，明天仿照那个名师的模式，我的课堂看似很热闹，其实很乱，已经有学生评价我爱折腾了！在课堂上还是有那种捉襟见肘的感觉，还是感觉自己的知识面太浅太窄，不足以从容应对教学！

那时，虽然我们班的语文成绩在全校一直是第一名，但是我心里还是感觉到困惑，感觉到此路不通的痛苦！这种专业发展停滞后的焦灼感，遭遇网师后，变成了彻心彻肺的豁然。

那是2009年9月22日，一个我永远难忘的开始。

|用正确的办法读正确的书|

在网师里的学习方式，是阅读。只是这一次，我渐渐学会了用正确的办法读正确的书。

从内容上，我学会了抓住根本书籍来阅读。所谓根本书籍，就是那些影响和形成专业思维方式的经典，比如苏霍姆林斯基的《给教师的一百个建议》等等。从方法上，我学会了“知性阅读”，也就是反复地咀嚼、梳理、对话，将有价值的内容完全吸收、内化。

在网师的阅读里，我深深感受到朱永新老师形容过的“共读”的魅力所在：“个别阅读是‘一个人在战斗’。通常，我们不会思考一个人阅读比较好还是大家共同阅读比较好。因为我们的教育无形中是在培养个别阅读的习惯，即让学生无形中认为读书是我自己的事，与别人无关。共同阅读是集体智慧的碰撞，是团队精神的体现。在学校里我们不自觉地习惯了个别阅读，慢慢我们才发现当我们共同阅读相互分享时，我们可以读得更好。俗话说，三个臭皮匠，抵得上一个诸葛亮。共同阅读也是要发挥‘臭皮匠精神’，学会在分享和合作中更充分地从阅读里汲取营养，从而更具智慧。”

走进网师的第一年，跟随网师疯狂阅读的我，“教育”这个词，在我的眼前日渐明亮起来。一年中，我的课堂教学在悄然发生着变化，从以前的依赖教参到对文本独立而深入的解读，课堂教学越来越游刃有余。

| 被阅读浸润的初三 |

走进网师的第二年，我一边继续艰难地学习着，一边开始在教室里践行新教育课程。

我带的是初三毕业班，谁都知道时间对于这些初三的农村孩子意味着什么。可我已经领略到教育的意义、共读的美好、课程的神奇，又怎能不把这些与孩子们一起分享？我义无反顾地悄悄开始在课堂上摸索："走过唐诗宋词"的晨诵、《影之翼》与《草房子》的共读、阅读与写作课程的开展、理想课堂的构建，甚至于做书架，买书架……

我是幸运的。当我想在教室里开展课程时，就被种子教师计划公益项目吸纳为种子教师，得到了购买图书的专项资助，也得到各种学习培训的机会。与此同时，更多故事还在教室内外悄悄发生——

2011年12月13日，在南京大屠杀纪念日的这天，该公益项目负责人童喜喜还专门来到我的班上，与我们班孩子交流，并上了一节课：《一碗清汤荞麦面》。这碗讲述赢得幸福、传播幸福的"面"，无异于这群农村孩子一生难忘的精神大餐。

见到我在博客上记录班上经常停电，看到班上孩子点着蜡烛埋首书堆的照片，我的博友浅笑捐赠给我们班1500多元，买了UPS电源，从此我们班的孩子再也没有受过停电之苦……

被这么多爱心温暖的孩子们，也学会了传递爱心：做书架、粉刷书架、制作作文周刊、整理图书……整整一学年，教室里活跃着众多小义工的身影。

这一学年，成为我从教以来过得最充实的一年。更重要的是，同学们心在这样的历程中，埋下了一颗追求卓越的种子。一年后的中考，我们这个浸润在书香中的班级，取得了全县第一名的好成绩。你可以强烈地感觉到，即使是成绩最差的学生，他的进步都是那么显著！

现在这些孩子大多已经成了高一的学生了，他们仍会趁星期天回学校以借书还书的名义看我，甚至回到教室里，坐着再听几节课……这样的时刻，让我深切感受到：身为老师，是多么幸福。

|在我的教室里开出一朵花|

新的学年开始，我又迎接到一群新的初二孩子，又踏上了新的旅程。

这时，我的教室被网师命名为网师附属学校的第13号教室。而受到我抱到教室里的一盆君子兰的激发，在集体的碰撞下，我们有了自己的班级命名：君子兰班。我们围绕着讲台上的那盆君子兰讨论，将君子这个词与孩子们连在了一起。我们共同讨论出班级愿景、使命、价值观，做一名真正的君子，是我们共同的目标。

于是，我们的一切课程围绕着我们的目标而进行，我也开始为班级制作君子兰班刊，每周一期，集中我给学生的信作为刊首语、学生随笔精选、阅读心得、困惑解答、好书推荐等等，每期八页，每次拿到班里，孩子们都争相传阅。

于是，故事还在继续书写。因为此前的开放式书架不够安全，还弄丢了一二十本书，我和同学们商定：卖矿泉水瓶做书柜，让几百本图书有一个更安全的安身之所！一个月，我们攒了200元，又举办了全校有史以来第一次的“爱心拍卖会”，筹得250多元，于是，一个漂亮又结实的书柜就安放在教室后面了。

于是，新的故事又因此而继续——同学们了解到给我们做书柜的木工家里有一个因车祸而瘫痪在床的小女孩时，主动要求多给100元的工钱。紧接着，我们成立了一支名叫“帮助一只知更鸟”的义工队伍，每周五下午放学后与木工家的小女孩共读童书……

我也知道，生活继续一天，故事就在继续。就像学校举行首届文明教师颁奖典礼上，主持人问我：你为学生做了那么多，远远超出了一个语文老师的范围，你又不是班主任，你为什么要这么做?

是的，很多人不理解，不明白我并非班主任，为什么要“越权”领着孩子们做那么多事情。但是我很清楚，因为我知道，我的天命，就在教室里。所以，对我而言，我只是做了我一个教师想做的、该做的、能做的事。我也清楚地知道，我们这间第13号教室，还会不断面对很多未知的困难与挑战，我更不会放弃。

能够突破自我、不断成长，希望自己的生命最终能像花一样绽放出自己的美丽，这，也正是我和君子兰班的孩子们最大的幸福。

网名：河南麦子　　河南省商水县化河乡一中

童喜喜点评

在网上，有许多老师都熟悉王桂香的网名：河南麦子。

是的，成长是生命本身的渴望。凤凰以涅槃成长，那浴火重生的景象，无数人为之发出礼赞。可那火焰固然带来疼痛，却也让涅槃变得壮丽、壮美，令其光芒万丈、惹人注目。

作为普通人的我们，我们的涅槃，更多是像这麦子吧!

麦田固然灿烂，每棵麦子却实在平凡。成熟后若永挂枝头，固然会最终干瘪，可要想重生，又是多么艰难!

只能投身到现实更深的地下，身处黑暗地下却得心灵永朝阳光，就在那无人关注之处，默默地，默默地，坚韧生长——这一切，就靠向着大地纵身一跃的决绝与坚强。因为，愿望的痛苦，是种子的痛苦，是成长的痛苦。这种痛苦，其实也就是生命拔节的幸福。

从此相信幸福

作者/第01号秋季种子 敖双英

没有人不渴望得到幸福。可身为最普通的山区一线小学教师，我存在的环境似乎已经注定我与幸福无缘。

但是，我没想到，我真的能找到属于我的幸福——就在分数决定一切的大环境里，就在班上的55个孩子大半都是留守儿童的情形下。

|简单热情的幸福不堪一击|

任何老师刚刚走上讲台时，都想当个好老师，我也一样。

1993年，我从桃源师范学校毕业，回到家乡桃源县茶安铺镇小学，成为一名真正的老师。刚上班的我，将满怀热情全部投入到班级中、学校里，总是做些让大家侧目的事——

我被安排教语文时，在课堂上结合课文让孩子画画。学校领导觉得奇怪、提出质疑，我就到处查资料证明自己的做法，结果还写出一篇题为《将绘画引进语文课堂》的文章。

领导接受了我语文课上画画，我又觉得影视能引入到教育中来。学校有台一直没用的电视，可校方称电视放进我的教室，其他老师会有意见。我索性把家里的21寸的彩电和影碟机一起搬到教室，到邻近的市里买回影碟，给孩子们看。

后来我又被安排教数学。我爽快同意了。不仅如此，因为我当时住学校宿舍，语文老师住在校外，我还义务帮语文老师上语文早自习。校长得知此事后亲自找到我，不是表扬我乐于助人、而是责怪我多管闲事，我听了也只是嘿嘿一笑……

就这样，我凭着对教育的本能热爱、凭着自己在师范学到的那些知识，高高兴兴地教学生。学生和我的关系还不错，学生考试时的分数也还行，家长对我也很客气，我觉得这样的日子挺幸福——直到1999年。

那一年接连10个月，我们全镇教师都没有发工资，最后，政府交给我们每个老师一张2000元的白条，让我们向学生家长收农业税，能收上来，就是自己的工资。

我知道，这些家长手头也不宽裕，可没有收入，我又怎么生活呢？我拿着白条，开始了“讨薪”。我突然发现，那些平时似乎也尊重我的学生家长，此时简直变了一个人——

有的家长指着我的鼻子骂："你们这些政府的狗腿子！你们没钱到哪里打工讨不到饭吃？"有的家长唤狗来咬我。还有一次，被我讨钱的家长第二天竟找借口冲进学校的办公室，要来打我……

这是我人生中最痛苦的一段记忆。我付出了什么？结果又得到了什么？我委屈伤心至极。

那时我虽然已经成家，丈夫也是个好人，但山民重男轻女的传统，丈夫仍然深受其害，他一有不顺就喝酒、喝醉就打人……家庭不和，工作给我带来的幸福是我的精神支柱。可此时我发现：我的幸福，如此不堪一击！

于是，我辞职了。2000年，我离开了家乡，到广东汕头市一所民工子弟学校打工。

新学校完全是新世界。身在山区，我被训导着要听领导的话、只能讲奉献、不能要报酬，哪怕白条当工资也不能有疑义。如今我却发现，多劳多得、双向选择、自由等过去只在书上见过的词语，竟出现在自己的日常生活里。我觉得过去的28年都白活了。

在城市里，我也干得不错：我担任一年级一个有70名学生的班的班主任，一年后就在调考中获全区第二名——第一名的班级来自公办学校，全班40名学生。而且，我所教的语文平均分数只比第一名少0.2分。

业余时间里，我开始接触网络，很快就创建了自己的论坛，每天除了教学，就泡在网上……我眼界宽了、胆子大了、自信也渐渐有了。

只是，我没有感到幸福。想着家乡年幼的女儿、年迈的父母，我独在异乡，倍感孤苦。所以3年后得知家乡的老师能按时领到工资时，我立刻返回了家乡。

但这一次返回，仍然没有真正带给我幸福。我办理了离婚手续，同时对教师职业丧失了最初的热情。我只是尽力做好一份工作、只想拿到应得的报酬。我觉得自己行走在黑暗中。我向往光明，却看不到光明所在，我渴望幸福，却觉得距离幸福越来越远……

随着年龄越来越大，我越来越失望，我觉得：幸福和爱情一样，也许世间真的有，却是常人难以得到的。更别说我只是身在山区里的一位普通老师。

| 智慧的行动创造真正的幸福 |

2007年是我从教的第15个年头，也是我教育生活的分水岭。这一年7月，我听从一位要好网友的建议，参加了在山西运城的新教育年会。

此前我对新教育实验闻所未闻，在网上搜索资料，看得眼花缭乱却仍然不明所以。我就想：只当出门旅游吧！

这是我第一次主动参加外省的教育学习。在这次大会上，我听到了许多诸如儿童课程、教师专业发展等新鲜词。但是，与其说是这些新鲜的知识，不如说是现场的老师们打动了我。

我见到了许多笑容洋溢的一线老师，听他们讲自己的教学故事。我发现，他们和学生的关系不仅是师生，更是共同成长的伙伴，他们利用教育在线网站上免费提供的儿童课程资源，让学生超越课本、乐于学习，而这些老师的生活与工作相通，与学生、与学生家长就像精神上的一家人，因此学生的每一点进步都会感染家长，一切都成为老师的幸福之源……

如果只是在书里看到，我还会认为那距离我很远。可这些故事的主人公就在身边，我无法不受感染。我想起曾因“讨薪”受到学生家长的冷遇与攻击，这才明白：如果我的家长们也在跟着孩子一起成长，那么，一定不会出现那种状况吧！

仿佛在土地深处沉睡许久的种子，终于被春天唤醒，我兴奋极了！回到学校后，我就向学校申请教一年级，我要用全新的课程带领着我的山区学生和家长们，重新出发！

2007年8月31日，我如愿成为一年级丙班的班主任。报名分班完毕，我立即把家长们集中到教室，给大家讲我所理解的新教育，宣布要在这个班上开展六年新教育实验，让家长们选择是否让孩子们留在这个班上。我一口气讲了50分钟，这些文化程度并不高的家长们不知是被我的激情感染，还是真的认可了新的教育理念，听得连连点头，谁都不肯走。就这样，我带着55个孩子，悄悄走上了一条全新的路。

说不难，是假话。在起步的低年级阶段，我全力以赴进行“读写绘”儿童课程，几乎没布置书面家庭作业。这个课程说来非常简单：利用学校的多媒体教室，将大量绘本引进到教学中，每天最少给孩子讲一个绘本故事，让孩子们以画代字来复述故事、改编故事，回家后与大人沟通交流，将故事讲给家长听。但真正实施起来，家长要么担心孩子不写作业考试成绩差，要么对孩子缠着自己讲故事、耽误自己做家务而不耐烦，对我的行为争议不断。

换了以前，我会因为家长的不理解而难过。但现在的我不再是从前的我。我从其他实验教师们身上已经亲眼见到过成功，我坚信这是一条正确的路。

一个个故事蕴涵着活生生的道理，就像一包包神奇的养料，滋养着孩子们的心灵。很快，孩子们就以出色的表现彻底打消了家长的顾虑：他们不仅学业成绩优秀，更重要的是他们善良懂事、喜爱学习。

时间久了，我的教育经验也越来越丰富，结合着家乡的特色，我又自己开发许多课程：我们小镇上产茶，我就开发“茶课程”，带着孩子去学校周边的茶园观察茶树、采茶，也是课程的一部分；我们小镇桃花灿烂，我就开发“桃花课程”，有桃花的古诗、现代诗、故事、音乐，统统成为课程的组成部分，而带着孩子赏花、摘桃，也必不可少……上课，对我来说成了一种游戏。我和孩子们玩着、笑着，也学着、思考着，其乐融融！

有一位学生家长，她以前每次见到我，总会半开玩笑半当真地喊我“敖癫子”（家乡话里的疯子），如今她见到我，总会拉着我的手不放，几乎一聊就半个小时以上，孩子、教育、家常……无话不说，只是再也不跟我乱开玩笑了。

我清晰地感觉到，我的学生们变了，他们有着山区孩子常见的淳朴，又有着山区孩子不常见的灵动与文雅；我的学生家长变了，哪怕是不识字的爷爷、奶奶，对我不仅客气，而且有着发自内心的敬重，对我也越来越信任、支持。

随着学生们年龄的增长，他们的学习热情也越来越高。每年全镇调考中，第一名总是我们班的学生。而学生们的潜力被激发，我的教学也越来越省力。我做得最多的，是想办法为学生添置更多适合他们年龄的精神食粮——童书。

我月工资是1300多元，开展实验头两年，我自费为学生购书陆续花了8000多元。除此之外，我又将我教室里的故事发布到网上，于是，有爱心的小朋友寄来了赠书，网友们送来了赠书，儿童作家也寄来了赠书……著名教育家、新教育发起人朱永新老师知道了我们的故事，赠送给我们60多套、700多册童书！

一路走着，我一再得到帮助、激励、鼓舞、奖赏，我的潜力也一再被挖掘，我的激情被一再点燃。我拼命攒钱，一点一点武装我们的教室。现在，我敢骄傲地说：我虽然身在山区，却拥有中国一流的教室——

我投入了几乎所有积蓄共6万余元来装扮我的教室。如今我的教室里，有2千多册优质童书，还有MP3播放器、照相机、摄像机、台式电脑、手提电脑、网络、电视机、影碟机、扫描仪、封塑机、打印机……这一切，全部用于教学。当我答应前夫的复婚请求时，提了一个条件：给我的教室买一台投影仪。他早被我感染，不仅满口答应、立即兑现，还主动承诺："我绝对支持你！"

为什么会这样做？我的答案只有一个：因为幸福。

一个爱打扮的女子，买到美丽的新衣会感到幸福，而一个爱上讲台的老师，打扮自己的教室同样会感到幸福。

曾经，我以为对于普通人而言，幸福遥不可及。如今，我身在山区，却有着天南海北的大批教育同路人，共同探索、互相促进；我有一起成长的孩子与家长，从他们身上，我日复一日看到教育的力量，也就深切体会到自己的价值所在。

我从此相信了，普通平凡如我的山区小学一线老师，也能得到真正的幸福：只要能找到自己站在讲台上的价值，那么，创造的价值越大，赢得的幸福越多。

网名：桃花仙子　　湖南省常德市桃源县桃源小学

童喜喜点评

每个生命都是种子。无论被投入山巅还是深谷，要想萌芽，必须承受泥土的重压。于是，成长的拔节，总是意味着痛楚，因此，能否怒放，取决于有没有足够柔韧坚强。

而有的种子，被困在泥泞中，总能朝向光亮生长，即使眼前一片黑暗，仍然渴望未来的芬芳。

有一群新教育人，就是这样的种子：他们都是最普通的一线教师，扎根在教室里，却已在岁月中成长为一朵朵朴素却芬芳的小花。他们讲述自己绽放的过程，这花开的声音，是最真实最真挚的呼唤。

这个故事的主人公敖双英，就是这样一位被他人芬芳唤醒的普通山区女教师。我深信，她的故事将唤醒更多人。

因为，每颗种子都渴望破土。只要破土，就能赢得全新的天空。

阅读的幸福

作者/第03号秋季种子 顾舟群

|贫瘠童年没有童书|

我出生在苏州农村，当时生活条件非常艰苦。家里穷，买不起课外书，父母老师都没有阅读的理念，我直到小学三四年级都没有读过任何课外书。后来大人们常常从大都市一船一船地运回垃圾，作为农田的肥料，小孩子总喜欢到垃圾堆去“淘宝”，我从此喜欢上了淘书。破了页的小人书被我淘回一大堆，看得入迷，就这样喜欢上了阅读。

读初中时，由于母亲是村妇女主任，村里配了一本《中国妇女》杂志，每一本杂志都被我翻到破烂。后来毕业了，邻家有个比我大三岁的小姐妹经人介绍与一位军人相恋。只有小学三年级文化的小姐妹只会读信不会写信，于是我开始了“代笔”生涯，一代就是三年。反正闲着没事，有时一封信要写十几页，天南地北地瞎吹。三年后，他们进入婚姻的殿堂，而我的写作水平也得到了锻炼。

但是，阅读的心情似乎随着工作而消失——参加工作后，表面上看我似乎天天与书打交道，应该是更爱读书了，可事实上绝大多数时间里，我只是抱着课本照本宣科而已。

直到2006年的暑假，那是我生命的转折点。因为我参加了“毛虫与蝴蝶”阶梯阅读高级研修班。

2006年8月15日，我永远记得那个日子，那是我第一次听到“毛虫与蝴蝶”这个名字，既新鲜又好奇。一开始我只是找了个角落坐下来，静静地翻看培训手册和日程安排，完全一副局外人的姿态。渐渐地，我被眼前一群人的热情所吸引，当他们如数家珍地说出一本本童书的名字、提炼一本本童书的主题、道破一本本童书后的秘密时，我完全沉入其中：童书，竟然会这么神奇？对于小时候从未读过童书的我来说，这个培训班完全打开了另一扇窗。

培训班结束后，在尚未开学的那段时间里，我俨然重新回到了童年——我买回了培训班上推荐的那些优秀童书，从《草房子》到《秘密花园》，从《小王子》到《波利安娜》，从《人鸦》到《青鸟》……我疯狂地读了一本又一本，像着了魔一样爱上了这些童书。这些深入浅出、风格多变、节奏明快、阅读愉快的作品，完全淹没了我。我像一个从未上过学的孩子一样，第一次如此期待着开学，因为我深深知道，孩子们一定也会像我一样喜欢这些书的。我甚至为我的那些还没有见面的学生庆幸，因为开学后他们迎来的不是过去的我、而是一位热爱童书的新老师的引领。

|怀揣执着上路|

开学的日子终于到了。这时我才知道自己将从六年级回到一年级。我好不失望：一年级的孩子那么小，什么都不懂，可怎么开展阅读实验呢？

何况，我带的这个一（3）班是个后进学生一大堆的最不起眼的班级。入学后第一次调研测试中我们班的成绩比另外两个班差十几分，我偷偷排了一下名，在我这37个孩子的班上，全年级的后二十名大都在我们班。

刚开学的日子里，这些刚从幼儿园里出来的孩子、这些被父母长辈宠坏了的小皇帝们可把我折磨死了。光行为习惯、养成训练就把我搞得筋疲力尽，再加上至关重要的拼音必须让他们扎实掌握。哪里有开展阅读实验的可能？我迷茫而痛苦。

一个偶然的机会，“毛虫与蝴蝶”项目的负责人马玲老师来到了我的班。她深入班级了解情况后，对我和另外两个一年级的老师说：“孩子基本的行为习惯已经养成了，我发现很多孩子已经能借助拼音阅读一些简单的课外读物，现在可以给孩子们开展阅读实验了！”现在？我瞪大了眼睛。马老师给了我一套《精灵鼠小弟》的图画书。

从这里我开始得知：图画就是孩子的语言，识字不多的孩子，是从读图开始读故事。孩子读完故事后，可以回家把故事讲给父母听，并根据自己的理解，用绘画的方式记下自己的思考：或者复述故事、或者进行故事接龙等等，这才是完整的实验流程。

就这样，我摸索着开始了图画书的阅读，并按照阶梯阅读实验的要求，我注册了“小舟成群”的网名。白天，我在教室里给孩子们讲图画书，晚上我就整理课堂实录、记录感想、上传孩子的读写绘作品、用一封封的家长信和父母们沟通、分享孩子们的读书过程。

家长给予了我最迅速最热烈的反馈，回信像雪片一样飞来。而孩子们更是让我惊艳：在一本本图画书、一个个故事的熏陶下，孩子们变得越来越懂事、越来越有灵气……

两年后，我的班由一年级开学初的十几分差距逐渐拉平，而且这些二年级孩子展现了惊人的写作水平，在“姑苏晚报杯”小荷现场作文竞赛中，我们班参赛的十几个孩子几乎个个获奖，总成绩不仅居年级之首，甚至让大赛组织者吃惊。

|生命低谷中的展翅|

除了我带着孩子共读之外，孩子们的自主阅读也逐渐开始了。我从学校的图书室搬来一大叠图画书，同时也让孩子们把自己家里的童书带来，利用午间休息时间互相交换着看。

根据课本的内容，我又增添了相应的课外阅读，这样课内课外有机结合，既激发了兴趣，又拓展了孩子的知识面。

我就这样带领孩子们在一本本经典的图书中穿越着。正当我和我的孩子们沉浸在书籍带来的巨大幸福之时，不幸降临在我的身上。

2007年4月18日晚上——我永远记得那天晚上。当时，所有的老师都回家了，只有我一个人还在办公室里整理学生的作品。我清晰地记得，我正在整理的是《白鸟之国》的作品。我把孩子们的读写绘作品一张张拍成照片、把一篇篇文字打出来再加上评语，然后一一发到帖子上。18：30我还收到老公的信息：“老婆，有没有回家啦，路上小心。”我却按照习惯，心里全是一个念头：一定要把所有的作品处理完才回家。

那是老公给我的最后一个信息。处理完作品，回到家已经七点，他还没回家。我吃完晚饭，一边备课一边等他回家，没想到等来的是医院的电话，等来的是一个致命的噩耗，我一下坠入绝望的深渊：老公发生车祸，抢救无效离世。

接下去的时间里，我整天躺在床上不吃不喝，生命全靠打点滴维持。我的眼前一片漆黑，对亲人的安慰、朋友的劝说根本无动于衷。无数次，我绝望得也想跟随老公而去……

这时，参加“毛虫与蝴蝶”分级阅读实验的全国各地朋友，在网上向我发出了呼唤。我学校的同事兼共同参加实验的好友红芳、素芳两位老师来看我时，叫我打开教育在线论坛，看看网友们给我的留言。原来她们把我遭遇的不幸已经发到了网上。

“所有毛虫姐妹与毛虫兄弟、以及毛虫孩子们，此刻承受着四月最深切的哀伤。我们知道所有的言语都不足以表达和安慰啊，但如果我们不说又怎能让你知道我们的哀伤……”有人说。

朱永新老师说：“命运经常如此，只有坚强面对。同悲。”

……

除了网友之外，还有我班上的孩子与家长，他们也向我发出了声声呼唤：顾老师振作起来，我们离不开你，孩子更离不开你……

这种情形，以前我只在影视作品、小说里看到过。身临其境，才真正感受到其中的悲痛与柔情。艺术果然来源于生活，我也是在这样的呼唤下，重新站了起来，重新回到了班级、回到了孩子们中间。被人需要的幸福，逐渐填补了我心中悲痛所致的空洞。

这一次，我阅读的是一本活生生的书——生活。

|童书为翼的翱翔|

读写绘的阅读课每周一次，这堂课深深地吸引着每个孩子，为了不错过这样的绘本阅读，有的孩子甚至带病上学。

一个叫王怡安的女生，有天她的妈妈一大早给我打电话说孩子感冒发烧、帮她请一天假。没想到中午她又出现在教室里。后来我才从她妈妈那里知道：当王怡安在医院打完点滴后，拔下针头就闹着去学校。她说："今天是星期五，我们有绘本课，顾老师要给我们讲绘本了，我一定要去的！"说完就真的坚持要上学，说走就走……怡安妈妈给我讲起这些时，我非常感动，而她却告诉我："我真的非常感动——是您顾老师给孩子带来了可贵的精神食粮！"

随着时间的推移，我开始应邀去各地学校做讲座，介绍我在班上开展实验的情况。但更多时间，我一直守在书旁。

在跟孩子们进行班级阅读时，我最重视的是对童书的选择。吃怎样的粮食就会长出怎样的孩子，作为师生共读的童书，必须精挑细选。每次班级共读前一晚上，我都要在灯下默默选书，一本又一本地读。要想打动孩子，首先得打动自己。好些时候，我都会被那些经典的故事所打动。

记得有个晚上，我静静读着《温情的狮子》，不知不觉泪水滑落，直至泣不成声：失去双亲、孤苦伶仃的小狮子在狗妈妈无微不至的照料下长大了，他们之间建立了无法割舍的感情。可长大的狮子被送到马戏团，只能与狗妈妈分别……

第二天，我给孩子讲了这个故事。随着情节的发展，孩子们眼圈红了、孩子们泪水滑落……读到"哆哆是一只温和善良，有情有意的狮子……哆哆把狗妈妈紧紧地抱在怀里倒下了"时，好多孩子泣不成声。

我都没想到，这些习惯了被宠爱、被照顾，拥有太多而心灵甚至有点麻木的孩子，会被这样的故事深深打动。在他们的泪水中，我觉得我的心再一次紧紧与他们贴在一起。

我把这一切写在家长信里，许多家长给我回信，说当晚回家后，几乎每个孩子都迫不及待要把故事讲给父母听，他们告诉我说，从来没有看到孩子如此激动过……

看着这些父母的回信，我的眼圈又红了——我并未想到，多年后我的这些家长信被结集出版。当时的我，只是深切地、真切地感受到幸福——狮子哆哆和狗妈妈之间的真情，感动了我、触动了孩子、打动了父母。这是灵魂的洗礼、爱的传递。

而这一切，甚至可以说我生命中最宝贵的一切，都是藉由阅读所获得。

网名：小舟成群　　苏州工业园区斜塘实验小学

童喜喜点评

朱永新说："一个人的精神发育史就是他的阅读史。"

面对现实的残酷围剿，一个不爱读书的老师，很难相信他会有办法应对、会有力量反抗。

而阅读中的童书阅读，对老师而言，是破解童心秘密的武器。一旦掌握这个武器，获得的将是师生的完整幸福。

遇 见

作者/第11号夏季种子 许小兰

题记：每个人都有属于自己的一片森林，也许我们从来不曾去过，但它一直在那里，总会在那里。迷失的人迷失了，相逢的人会再相逢。

——村上春树《挪威的森林》

和很多被迫无奈读师范的同学不同，我一直想当老师。我奶奶的父亲是私塾先生，我的爷爷曾留下一副对联：继祖宗一脉真传克勤克俭，教儿孙两条正道惟耕惟读。我的父亲十八岁便做了民办教师。耳濡目染，小时候的我就好为人师，经常把左邻右舍的小孩子找来当“学生”。而我则举个小棒子点点你的头戳戳他的桌子。长大后如愿以偿，我真的成为了一名小学语文老师。

毋庸置疑，由于童年的历练，我信奉的乃是“不打不成材”！同事们也告诫我：“严师出高徒！”寻着法宝的我还没来得及实践太久，素质教育的呼声如潮水般涌来。于是“你喜欢哪段读哪段”“用你喜欢的方式读课文”“想怎么读就怎么读”……当我刚学会在课堂使用这些话语后，突然间“洋思经验”“杜郎口模式”又风行了。

风向标变了又变，“诗意语文”“情智语文”“深度语文”……看着名师们在台上的精彩演绎，不得不感慨教育的“善变”。就这样，从“春蚕”到“浪漫”，从“蜡烛”到“小资”，我逐渐欣赏上一种叫做“浪漫小资”的调调。一次次背诵激情澎湃的导语，一遍遍抄录名师们精当睿智的课堂点评，一回回如法炮制成功的课堂。

于是，我曾经被教育评论人姜广平先生这样定义——“一个富有浪漫小资情调的好老师”。初知时，我有点懵，并且很紧张。潜意识里感觉“浪漫小资”与“好老师”是不搭乃至相悖的。因为教师乃是“太阳底下最光辉的职业”，为人师者该是“春蚕”是“蜡烛”更是“标杆”啊！

2009年12月，我被推荐为兴化市教坛新秀。然而，突然间感到恐慌，前所未有的。是的，我想逃离。我不知道我是谁。无意间逛到教育在线网站，被一句话蛊惑——过一种幸福完整的教育生活！读到那篇《寻找尺码相同的人》，心潮澎湃地入了读书会，知道了榜样教师小风习习的故事。读着她的帖子一遍一遍又一遍，直到泪流满面。

多么羡慕小风习习的勇敢啊，多么喜欢这个读起来傻乎乎的姑娘啊，她给予了我力量，她让我意识到：原来一个人可以这么努力地活着。向上，积极，热情，永远怀揣梦想与希望。

于是，傻傻地开了帖子，驻扎在论坛里。写孩子们的故事写自己读书的困惑与思考……

于是，加入了网站上的网络师范学院，跟着讲师们一日日研课，随着啃读起那些“大部头”——《教学勇气》《儿童的人格与教育》《哲学导论》……

很负责任地说：《教学勇气》这本书在很多年前，我已经翻阅过了。还曾摘录下一些语句，就是名师大家们挺爱引用的那些，如：真正好的教学不能降低到技术层面，真正好的教学来自于教师的自身认同与自身完整。又如：好的老师具有联合能力，他们能够将自己所教学科和他们的学生编织成复杂的联系网，以便学生能够去编织一个他们自己的世界。

在网络师范学院里，铁皮鼓老师直赞《教学勇气》是本好书，而西门小醉老师唯美抒情的读书笔记也诱惑了我。只是当我自己读着这本书的时候，还是似懂非懂。人家感慨：字字珠玑。可我只是因了别人的珍视，把它们小心翼翼地收集起来，心里却不是很明白它们的价值所在。

阅读阅读，阅了读了，就是不留一丝痕迹。有点索然，但还是有点不甘心。跟着团队重读《教学勇气》后，随手翻至17页，这是第一章“教学与真我”这一节。一些文字突然跃入了我的眼帘，并毫无征兆地潜入我的心里。

“所有真实的生活在于相遇。”布贝尔说，“教学就是无止境的相遇。”

可我曾一度害怕相遇，学校实行推门听课制，当有领导坐进我的课堂时，我便放弃了平时的授课习惯，也失去了那一点点幽默感与轻松。我竭力营造一个顺畅的流程，关注的只是授课的内容，我完全忽略了学生自身的需要和他们的感受。我恐惧那个真实的自我坦陈在公众面前，十年的教学生涯似乎让我变得圆滑老练，可实际上多数时候仍是力不从心。

我甚至害怕和同事、学生作倾心的交谈，我需要一种距离。小C眼泪汪汪地站在我面前，对我说："爸爸妈妈昨天晚上又吵架了，所以我作业没做好。他们……"我打断了他，我似乎变得越来越冷血了。我说："老师不要听你的任何理由。请你在今天放学之前把作业补好就是了。"小C的母亲又打来电话，向我倾诉她的苦闷，看不到儿子的烦恼等等，并要我训斥一下孩子的父亲。我实在是有点束手无策，求助于同事，同事说："让她别打电话给你，老师只需要对孩子在学校里的事情负责，至于家里的其他情况，让他们夫妻自己协调好了。"终究什么也没说什么也没做。只是学期结束的时候，小C的语文考了100分，我送给他一个热情的拥抱，孩子们也把真挚热烈的掌声送给了他……

可是在网络师范学院里啃读了那些书之后，我想，或许再次见到小C，我该试着和孩子交交心？"体验是要冒险的"，甘地称他的生活是"体验真理"，我们在生活所承受的复杂的力量场中体验，就是更多地了解自身完整。

在这样的"甘地式阅读"中，"英雄主义与完美主义"情绪在我的内心日益膨胀。2011年的9月，不顾家人再三劝阻，我坚持构建"班级图书馆"。在一个家境不错的"家委会"成员捐款10元后，我大为恼火。简直是痛恨这位家长的"吝啬"。在纸上写下：虽不以捐赠数额论英雄，但还是不免对出了10元钱的家长有点腹诽。物价飞涨的今天，10元钱连一斤肉都买不了，你居然要我用10元钱去买书？简直是对书籍的亵渎。

此语一出，被这位家长反映到了当地的扬子晚报上。一时间，同事、家长间议论纷纷，校领导更是几次三番找去谈话。

当时的我满心的委屈与满腹的牢骚，新教育人不都是这么做的吗？每周一封信，唤起家长的力量。建立图书角，给孩子们爱读的绘本。不得不说，我还是“得其形，忘其神”。只看到新教育人的做法，却没能发现“共读共写”“语言密码”“共同体”……这些不仅仅是语词，更是生活。

在一日日的阅读与思考中，在认真研读新教育理念后，我逐渐明白自己与新教育人的差距在哪里。我意识到并坦然接纳自己的不完美：太情绪化，遇到事情不够理性。

还记得初毕业的我，分在一所小学校，后来调入了镇中心小学，那时候的我敏感又自卑，在工作上，在人际关系上，可谓如履薄冰小心翼翼，甚至可用“讨好”来形容彼时的我。微笑着面对每一个人，以一颗谦卑的心聆听着，可我还是学不会，还是做不好。教案是一笔一画、一字一句认真书写，课堂是按照教案的计划一步一步进行的。可是被告知：你过于拘谨，你的体态你的表情要生动要活泼。从没想过性格竟会成为我教学上不可逾越的硬伤。很用心地，带着一点欢欣，带着一点喜悦，去对孩子们说：你们好！然而我始终学不来那种嗲声嗲气的问候，也根本装不出那种故作的热情。那时的我，只是个拘谨的有点羞怯的小姑娘。还不习惯在那些成人面前放肆地大笑或高歌。只是和孩子们一起，才会感到快乐感到自然。因为我们都只是个孩子，他们不会笑话我，他们也从不奚落我。可终究他们只是群孩子啊。他们不明白这个老师为什么这么爱落泪！这个老师好奇怪哦！

是的，她好奇怪哦。她爱孩子，可她不懂得怎么去爱。记得柴静曾说过这样一句话：新闻应该会让一个人越来越朴素，你每天打扮得精巧无比，坐下来的时候两个腿还要拧成麻花，你忘不了自己，你怎么还能够关心对方。很显然，一旦为人师的我太在意自己的情绪时，根本不可能站到孩子的角度家长的立场去考虑问题。我曾在凤凰语文论坛写过“2009，做只犟龟”，记录自己对教育的执着与爱恋；也曾写下“爱与被爱不如相爱”，描述自己所认知的师生关系；更曾发出“像呼吸一样自然”的阅读慨叹。

只是那时候的我虽然执着却时常迷惘，虽然坚定却只敢写下“2009，做只犟龟”。2010、2011、2012……我会在哪里？我不知道。我还会写下去吗？我不确定。对于工作，我还会赋予这么多的喜爱与执着吗？或者它也会渐渐沦为谋生的一个饭碗罢了。午夜梦回，常常瞪大眼睛注视着天花板，我不知道我人生的意义在哪里，我不知道我的执着有没有意义，我不知道是不是付出了就不应该期待回报。

此刻，我想说的是：遇见教育在线网站、遇见新教育后，我仍是那只犟龟，深深爱着我喜欢的教育和孩子。但是，却比以前更笃定更理智，更懂得如何去爱去给予，从中收获道义收获成长逐渐明白了生命的真谛。在论坛里读着思着写着，还记得第一次应约为《学习周报》撰写学辅资料时的巨大热情，也记得第一次在《小学教学》上发表论文时的激动与得意。

而今，这一切对我而言，突然失去了意义。它们不再是我追逐的风向标，我宁愿老老实实地在这里抒写我的心情，却再也不愿绞尽脑汁编造那些文字。但我知道，你一定还会在一些或大或小的杂志上见到我的名字，只是，那不再是“刻意为之”，它只是我行走路途中的“额外奖赏”。就像犟龟赶上狮王二十九世的婚宴一样，我也会刚好碰上一个“庆典”。

2011年，我被吸纳为“兴化市小学语文名师工作室”的成员，还真应了朱永新教授的那句话：只要行动就有收获，只要坚持就有奇迹。当然，我知道自己根本不是什么名师，只是一直以来，循着本心做自己喜欢的事情。

新教育人爱说：相信种子，相信岁月。这真是一句很奇妙的话。穿越书籍，穿越生活。喜欢自己的工作，并努力去做好。时间会证明：每一粒种子都会开出一朵属于自己的独一无二的花——只要我们足够珍视那遇见的阳光和雨露。

网名：聪明的水　　江苏省兴化市新生小学

童喜喜点评

人生一路，会遭遇很多人与事。可是，往往只是遭遇、并未相见——因为我们视而不见。

每位教师，成长途中都会有各自的机遇。可是，如果不能主动打开心门，阳光就永远只会洒在别人身上。

走在路上，才能相遇。敞开心怀，才能相见。一路遇见，一路收获，一路成长。

一本书照亮生命

作者/第一期种子教师 刘思远

我是从非师范院校招考进入教育系统的。当初报考教师职业纯属无奈之举。本不想当教师，总觉得一个大男人与一群学生打交道没意思，工作后，更是对自己的处境很不满意，总想着有一天能走出农村，走进城市，做一个体面的教育人，最好能脱离教育这个工作岗位，去干更大更壮丽的事业。

这份不安分带给我的内在煎熬是双重的：一方面常常慨叹命运的不公，悲观消极；另一方面在工作上则敷衍了事，也无法受到积极的肯定。因此，“工作的意义和幸福”这种话，对我而言完全是笑话。

一次网上闲逛，误打误撞的我到了“教育在线”网站。注册时，收到了自动发送的欢迎短消息，其中有“教育在线”这几年培育了多少名师等内容。想到这个网站可以培育名师，我对这个网站便格外关注——没想到，这一次相遇，彻底改变了我的人生。

开始，我顺理成章地泡在教师专业发展论坛，后来又加入“海拔五千教师读书会”。读书会升级成为新教育网络师范学院（简称“网师”）后，我就理所当然地成为网师学员。

在网师里读书，又被称为“啃读”，学员们一字一句地阅读着、推敲着、讨论着如苏霍姆林斯基的《给教师的建议》等教育经典，学得慢但学得扎实，让我收获不小。不过，诸多啃读中，只有一本书给了我一见倾心的感觉，而且这本书和一个人，从此镌刻在我的生命中——这本书是《论语》，这个人就是孔子。

2010年的上半年，网师开设《论语》课程，讲师是干国祥老师。在干老师的带领下，从5月到7月的整整3个月中，我一直沉浸在《论语》里——

子曰：“吾十有五而志于学，三十而立，四十而不惑，五十而知天命，六十而耳顺，七十而从心所欲，不逾矩。”

这一则《论语》是孔子自述生平。孔子出身贫寒，从小有志于学，三十岁左右已经以知礼而闻名于诸侯了。当时的孟僖子（鲁国司空，三桓之一）在临死的时候还嘱咐自己的两个儿子去向孔子学礼。但是孔子并没有满足于此，他一直在思考着自己的人生方向。

在三十岁到四十岁之间，孔子也曾“迷惑”过：孔子一直想在政治上有所作为，但是当阳货、公山弗扰等人召唤一起出仕时，他却在犹豫，因为这些人政治权力的获得本身就是不合法、非正义的。是否同他们一起出仕，成了孔子面临的一大问题。后来，他开始周游列国，颠沛流离。

在五十岁左右的时候，孔子不再迷惑了，因为他找到了他的“天命”之所在。

或谓孔子曰：“子奚不为政？”子曰：“《书》云：‘孝乎！惟孝，友于兄弟，施于有政。’是亦为政，奚其为为政？”

【译文】有人对孔子说：“你为什么不从事政治？”孔子说：“《尚书》说，孝呀，只有孝！能友爱兄弟，就会作用于政治。这就是政治，还要另搞什么政治？”

孔子发现担当起文明传承的使命也是“为政”，这才是自己一生的天命。从此以后，他不再迷惑，相反变得“耳顺”，以至于“从心所欲，不逾矩”了。

孔子的经历，让我开始思考我的人生，思考我的“天命”之所在。我苦苦追寻的，真的是我想要的吗？这只是一种从众心理呢，还是我内心真正的声音？我真正想要什么？我又能做些什么？我的特长和局限又是什么呢？此时，我开始少了几分以前的浮躁，开始反思起自己。

也是从这一刻开始，我不断反复翻看《论语》，并结合网师的授课，试图去触摸千年之前的那位老师的心灵。细读中，我觉得《论语》中的许多条目，仿佛就是讲给我听的：

子曰：“富而可求也，虽执鞭之士，吾亦为之。如不可求，从吾所好。”

【译文】孔子说：“如果发财可以追求到的话，就是做个市场的看门人，那我也干。如果并非如此，那还是干我愿意的事情吧。”

子曰：“士而怀居，不足以为士矣。”

【译文】孔子说：“知识分子留恋安逸的生活，那也就不配是知识分子了。”

是的，生死有命，富贵在天。当一个将自己的目光只定位在追求财富时，他不见得能追求到财富，却已经失去了宁静，从而失去了幸福。而且，这样的人，是不配称为“士”、不配称为知识分子的。

回想我自己，这不正是我的写照吗？我以前过得痛苦不堪，不正是因为将眼光聚焦于财富了吗？那么，一个知识分子又应该怎样做呢？

《论语》中有一段孔子与子路的对话：有人劝子路，天下滔滔洪水泛滥，谁能使它改变呢？与其跟随躲避坏人的人，不如跟随躲避世事的人。子路把这些话告诉孔子时，孔子回答：

> “鸟兽不可与同群，吾非斯人之徒与而谁与？天下有道，丘不与易也。”
>
> 【译文】我们总不能和飞鸟走兽一起生活吧。我不是人类的一分子又是什么呢？如果天下太平，我才不会去改变呢。

反复读着这段话，我的眼前浮现出的是自己的教室。是的，我们常常抱怨周围的环境不好，可我们不也是人类的一分子吗？我们不去改变，又靠谁改变呢？我的责任，又在哪里？

> 子贡曰：“如有博施于民而能济众，何如？可谓仁乎？”子曰：“何事于仁？必也圣乎？尧舜其犹病诸！夫仁者，己欲立而立人，己欲达而达人。能近取譬，可谓仁之方也已。”
>
> 【译文】子贡说：“如果广泛地给人民好处，从而能够普遍救济群众，怎么样？可以说是仁吗？”孔子说：“这哪里只是仁，应该是圣了。连尧、舜都难做到。所谓仁，是说自己想站起来，就帮助别人站起来；自己想开拓发展，就帮助别人开拓发展。从近处做起，可以说是实行仁的方法。”

儒家的核心思想是“仁”。在孔子看来，仁就是爱人，就是“己立立人，己达达人”。而且，孔子还特别指出了行仁之法——能近取譬。从近处做起，从干好自己的本职工作开始。

我的近处是什么？我的本职工作是什么？为什么被人们赞美为有价值、有意义的教育工作，在我的眼里不堪一提？作为男人，我想做大事业，而教育在塑造人、改变人，进而改变周遭和世界，这是不是一场轰轰烈烈的大事业呢？我的价值到底在哪里？我的意义到底在何处？

我痛苦地反复追问、逼问自己：成为一个教师，或者说成为一个人，对我意味着什么？人的生命是有限的。为了名利，为了房子、票子，去苦苦追求？这些就是我的天命所在吗？当我们百年之后，如何证明自己活过？

伴随着《论语》一书，无数问题在工作间隙、在夜深人静、在悄然独处时，如潮水般一波又一波地冲刷着我的心。当初加入网师进行学习，我就是以"成名师赚大钱"为目的。一本本书读过来，渐渐发现，沉醉在书中的时候，往往忘记了"成名师赚大钱"的目标，而觉得教师这个职业已成为我的选择。但《论语》一书却搅动了我的根本，当初不纯的学习动机，成了常常折磨自己的毒瘤。

最后，我还是信了孔子说的那句话：

"仁远乎哉？我欲仁，斯仁至矣。"

【译文】仁很遥远吗？那个人如真想要它，它就会来的。

这么说，只要我能"纵身一跃"，"欲仁"，我也会成为一个名副其实的"士"和"君子"的。

当我真正相信孔子的这句话、开始相信自己时，我仿佛体认到了自己的"天命"：我的天命就在教室里。当一名教师，通过自己的努力去成就学生，这也同时是在成就我自己的生命。

我那颗流浪的心至此终于找到了归宿。我的内心不再痛苦煎熬。当我埋首于教室，将心灵、将双眼完全聚焦于我的学生时，我开始享受到了一种属于我独有的宁静和幸福。

在读《论语》的过程中，我不仅体认到了自己的“天命”，内心变得纯静起来。而且，从《论语》中也体悟到了更多的关于教育教学的思想。这里不仅仅有我们通常所说的“因材施教”“举一反三”“有教无类”等，还有许多更为深刻和有趣的东西。

比如，从《论语》中我学到了班级管理。许多关于班级管理的书，不是过于严格，就是过于浪漫，要么是一味强调和学生做朋友，要么只强调纪律约束。可在孔子这里，在《论语》这里，我找到了“大全”。

子曰：“唯仁者能好人，能恶人。”

【译文】孔子说：“只有仁爱的人才能喜欢人，憎恶人。”

现在，我们常常提赏识教育、激励教育。那么，学生到底要不要批评、惩罚呢？什么样的老师才能惩罚学生呢？在孔子这里，我同样找到了答案：只有热爱人的“仁者”，才能“恶人”。这不就是泰戈尔所说的“只有热爱人的人才可以惩戒人”吗？这种爱，是对学生真正的爱，而不是教师为了自己的利益（如职称，奖金等）披上一层爱的伪圣外衣。想想，很多时候，我们都说自己爱学生，爱教育，最终其实往往是为了自己，为了职称、奖金而已。用孔子的这句话对照自己，让我不由得时常警觉、反思。

用3个月去阅读一本书、用3个月去触摸一个伟大的灵魂，我就这样学完了《论语》。我知道我对《论语》的理解还是处于“格言式”的，还只是一知半解，并没有真正深入到儒学和孔子思想的核心中去。但是，这本书带给我的冲击，堪称前所未有的灵魂洗礼，已经让我收获不小了。直至如今，我仍然常常翻看《论语》、遥想孔子。这本书、这个人，已经照亮了我的生命。而前方，路还很长。

网名：秦月汉关　陕西省西安户县牛东初中

童喜喜点评

同样是阅读，读法不同。

有的人阅读，把书籍读成了逃避现实的城堡，独自在精神的世界里悠游，于他人无害，却也无益。

有的人阅读，却把书籍变成了改造自我、最终改变现实的武器。在阅读后行动，在行动中再阅读，如此反复，最终把自己的人生用行动书写成一本真实、厚实的大书。

在这个时代，前一种阅读已不多见，后一种阅读更为难得。而教育，恰恰热切呼唤着后一种阅读法。

知识在以越来越快的速度更新，但经典名著中传达的精神，却是永恒。人类跌跌撞撞数千年，始终探究的是让人能成为真正的人的办法，寻找的是一条回家的路。

经典都通过了时光的检验，而时光也会让经典蒙上灰尘。需要怎样勤奋的手，才能将灰尘擦净？需要怎样虔诚的心，才能与千年前的作者产生共鸣？

秦月汉关，陕西户县一所普通农村中学的老师，用自己的行动，做出了解答。

而我们每个人，都该有自己的答案。

你听，你听，石头在发芽……

作者/第08号夏季种子 时朝莉

我很喜欢顾城的诗，比如这首《小花的信念》：“在山石组成的路上/浮起一片小花/它们用金黄的微笑/来回报石头的冷遇/——它们相信/石头也会发芽/也会粗糙地微笑/在阳光与树影间/露出善良的牙齿。”

喜欢这首诗，因为，我就是那片小花中的一朵，因为我已经见证了：石头会发芽，会微笑，会开花……

|那条嶙峋的路与那朵金色的花|

我曾经在一所偏僻村小工作了十年，走过了一条弯弯曲曲的路。

初登教坛，由于把握不好教材的重点，我的教学成绩糟得一塌糊涂。后来，几位很热心的同事，给我传授了如何应对考试的经验，接下来的几年，我的教学成绩一直很不错。

不过，很快就出现了新情况：因为对孩子们要求太苛刻，教学成绩优异，孩子们却并不喜欢我，甚至还有抵触情绪。

面对现实，我实在想不通：把孩子们的成绩提高了，他们怎么反倒不理我？夜深人静的时候，我开始思考：教育的目的，究竟是什么？

再带班级，我就调整教学策略，教给学生学习的方法，让他们高效学习。孩子们学得快乐，成绩仍然优异。更重要的是，孩子们喜欢我，我也喜欢他们，大家彼此信任，彼此信赖。

接下来的日子平淡安然，我心里却隐隐觉得缺了点什么，没有前行的目标，对工作甚至有些浅浅的倦怠。望着学校里那些两鬓逐渐斑白的老师，我难以想象，如何走过几十年，熬到退休那天。

徘徊在山石组成的冷冰冰的路上，我彷徨了很久很久。

没想到，一个看似自私的念头，会把我引领到另一条命运之路：怀着“儿子快上一年级了，我希望教自己的孩子”的心愿，2008年，我主动向学校申请教一年级，希望能为了儿子提前积累一些经验。

接班以后，我很快就后悔了：教一年级居然会这么累。

新班里有57个孩子，来自附近农村，很多在建筑工地、邻近工厂打工的父母早晨六点多就把孩子扔到校门口。我几乎每天都从早晨六点多开始进班陪孩子们；中午，陪孩子们一起在餐厅吃饭；下午放学后，还要辅导家长没有接的孩子写作业……那段日子真是焦头烂额。

我的心天天都揪着，连晚上做梦都是学生、家长……

我痛苦不堪，甚至下定决心，以后无论如何不再教一年级。

可是，2008年8月，我在网上无意间发现了新教育发起人朱永新老师的博客。在那里，我读到了焦作张硕果老师带领她的团队开展新教育实验的故事。看完故事，我马上搜索教育在线论坛，一头扎进了毛虫与蝴蝶版块，看完了导航帖和所有推荐的榜样帖，毫不犹豫注册了网名，然后申请加入毛虫群落……

记得很清楚，当时是凌晨两点多。我从电脑室出来，走在宁静的校园里，心里涌动着一种无法言喻的感觉。既洋溢着热血澎湃的豪情，又隐隐预感这条新教育之路肯定艰难。

我遇到了第一个问题，就是书。在这之前，我从来没有接触过绘本，也买不到优秀绘本。我在网上向素不相识的新教育榜样教师小舟成群老师请求帮助。她很快就给我发了一部分绘本，解决了我的燃眉之急。

有了电子绘本，我就带着我的孩子们开始了毛虫之旅。读写绘，是从《月亮的味道》这本书开始的，然后是《猜猜我有多爱你》《鼠小弟系列》等。虽然是初次接触绘本，孩子们的表现让我和家长们大吃一惊。谁也没有料到，没有任何绘画基础的孩子们，居然能够那么清晰地用图画语言表达出自己的内心世界，那么丰富，那么精彩。

就这样，孩子们通过儿童课程喜欢上了阅读和绘画，班级各方面情况一天比一天好，我的信心更坚定了。我们这朵小花也悄悄开始绽放……

|石头的冷遇与阳光|

尽管后来我又在网上搜到了许多电子绘本，满足了基本的教学需要。但希望孩子们能够手捧真正的绘本，津津有味地看的心愿却越发强烈起来。

想法简单，实施起来却很困难。

首先是我个人经济条件有限。当时，我和爱人替远房亲戚担保了九万元贷款，这个人恶意欠账不还。我们的工资被银行扣发抵债，只留下四百元钱作为我们的生活费。生活真是捉襟见肘。我自己给孩子们买书太难了。

紧接着我找到了校长，给他汇报了我们班的情况，请求他特批两百元给我们班买书。校长说，不可能，学校有学校的原则。我知道作为管理者他有他的难处，但我还是忍不住泪如雨下。我必须自己解决问题。

至于家长我更不敢指望。他们靠种地和打工为生，把血汗钱看得特别重……思来想去，我终于痛下决心：透支自己的信用卡给孩子们买书。大不了，就算是给自己孩子买的，大不了，每月慢慢还就是了，我对自己说。

网上买到的第一批总价值七百多元的书，很快寄到了。我万万没想到，有些家长看到这批书特别好，就自发组织全体家长开会，集资把这批书买下来，作为班级图书。

问题就这样以我不敢想象的方式顺利解决了。从此，我们班购买图书就顺利多了。

当然也有困难的时候。比如最初买书，家长不理解不配合，不仅说风凉话，甚至指着我的鼻子骂我，给校长打电话举报我收钱买书、扬言要去教育局告我等……

但身正不怕影子歪：买书的钱，家长代收；买书的过程，任何家长都可同行；购书后，实际书款和书目在教室张贴，随时欢迎提出质疑……我只能以微笑和泪水，来回报这些冷遇。

后来，朱永新老师在教育在线论坛读到我关于图书的故事后，用他个人的稿费，给我配了六十套新教育儿童阶梯阅读书包。这套书包共分低中高三套，每套各有童书十二本。也就是说，朱老师给我配足了一到六年级可供六十个孩子同时共读的图书。

看到八大包，两千多册书，我的亲人、家长、同事，都惊呆了。我的家人之前还不太理解我对新教育的执着和投入，从那以后，我所有的工作，他们都鼎力支持，再无半点怨言。

同事们看到这些书，也震惊地说不出话来。原来，真有天上掉馅饼的事情。

家长们就更实在了。他们说，往后，二话不说，时老师让干啥，咱就好好干。人家对咱好，咱们更要干出个人样来。

我们还陆续收到了中少社的薛晓哲主任、小书房的漪然寄来的部分图书，他们都是我和孩子们生命中最绚烂的那抹阳光。

孩子们是幸运的，我也是幸运的。

2010年11月，我有幸成为了“新教育种子计划”的首批种子教师。这是一个公益项目，资助在教育一线开展新教育实验的老师，通过提供学习进修机会等方式，激发教师潜能，帮助教师快速成长。该项目资助我购买了数千元的教师专业发展相关书籍，解决了我渴盼成长，却囊中羞涩，购书难的问题。

在种子计划的资助下，我去了深圳南山、海门、成都、绛县等地考察学习，在罕台新教育小学参加了暑期研讨。一系列学习，不仅开阔了我的视野，更重要的是，让我看到了自身的不足和努力方向。

自此，我的所有问题都迎刃而解，我只需要静下心来，像种子一样，汲取阳光，积蓄力量，默默在岁月中生长……

| 石头在微笑，石头在发芽…… |

美国诗人惠特曼说：“有一个孩子每天向前走去，他看见最初的东西，他就变成那东西，那东西就变成了他的一部分……”我就是这样，看着孩子们一天天幸福成长……

图书问题迎刃而解后，不知不觉间，我们的脚步日渐从容。

两年时间，我和孩子们共读了许多童书，共同穿越了不少自创的课程。孩子们的变化越来越大：他们的眼睛开始闪亮，敢于表达，日记越来越精彩……

每周五的最后一节课，是我们班的读写绘时间。以前从不读书的家长们也养成了习惯，只要有空就进教室，陪着孩子们听故事。

很多家长，正在地里干活，忽然想起是亲子共读时间，就急匆匆赶到学校。经常，我会看到满脚泥、满身土的家长，坐在位子上，抱着孩子，津津有味地听故事……

孩子们的日记本上，也会看到很多家长歪歪扭扭的字迹。他们有的连小学都没有上完，现在却鼓足勇气，重新拿起笔……

一位家长五十多岁了，小学三年级都没有读完。她也开始尝试着拿起笔和孩子写阅读的感受。她担心孩子写字不好，每次都是孩子先写草稿，然后她戴上老花镜，一笔一画誊写。

另一位家长在集市上摆了小菜摊，每天早上三点多要去批发菜，卖菜，起早贪黑。有一次，开完家长会，他非常感动，为了给我写一封回信，他熬了通宵，写了不满意，撕了重写，反反复复……

还有一位家长，当初曾经因为不理解为什么要阅读，到校吵了我一顿。后来，他发现自家内向的孩子，通过读书，慢慢开朗起来，就坚持陪孩子阅读。在镇上小餐馆当厨师的他，五点多出门，九点多下班，却每天都赶回家，和孩子一起读书，一起写日记，一起参与班级活动……

我微笑着，感动着，幸福着。

只要你用心，自然会听到石头发芽、开花的声音，哪怕如此细微，也宛如天籁……

网名：小风习习　　河南省郑州市航空港区实验小学

童喜喜点评

人们常说一句话：相信种子，相信岁月。

是的，相信生命一定会朝向阳光，相信时光不会辜负努力。

也有人常常抱怨一句话：我所处的环境，种子都发不了芽！

的确，现实往往不尽人意，客观条件差异很大。

可教育是种必要的乌托邦。只有怀抱“石头能发芽”的信念，才会创造石头在发芽的奇迹！

一生痴傻又何妨

作者/第23号春季种子 李霞

“一定得先镇住他们！”跟班培训两个月后，老教师在离开前郑重其事地这样告诫我。

那时刚工作，领导安排我接这位即将退休的老教师的班，他工作多年，经验丰富，我视其为箴言。那时我十八岁。刚刚走出校门，转身又踏入校门。只是，从坐在讲台下的那个，成为站在讲台上的那个。

于是，将笑容除去，以少有的威严走上讲台。如今的我，想象那时的自己，一定十分可笑。可，这个可笑的自己，却一干就是将近十年。越干越累，越干越烦。

孩子的顽皮，家长的冷漠，机制的不合理，同事的抱怨，待遇的微薄。在这一切面前，我显得那么无力。我无时不在思考，我想要的究竟是什么？自由与公正，幸福与满足，价值的实现与自我的成长？而这些，又身在何方？

我一边过着波澜不惊的日子，一边经历着内心的挣扎与苦痛。现实，理想，要如何平衡？只有一个念头，就是逃离，逃离。

2006年，经过撕心裂肺的阵痛，我生命里那个重要的小人儿诞生了。那晚，那个软软的、小小的生命依偎在怀，睁着纯净又黑亮的眸子张望着这个世界。第一次，我感受到了生命之神奇，之庄重。我，多么想，把一切的美好，带给他，我的孩子。

再次回到工作岗位，站在熟悉的讲台，与讲台下几十双眼睛对视，突然内心惶恐无比。这些年，我花了时间，费了精力，然而真正用了几分心思？

荣誉证书得了一张又一张，领导的期望越来越高，但只有自己能体会到，那份挡不住的心虚与不安。

这么多年，我似乎根本不认识自己所从事的这份职业。我该怎么办？我越发小心翼翼地做着常规教学，可仍然免不了大发雷霆，自己每天气鼓鼓的，孩子们每天也是胆战心惊。纵然这样，每每结果也总是不能尽如人意。

尤其是2009年，第一次接手一个高年级的班级。

第一天，我信心满满地走进班，把自己写给他们的信读给孩子们听，满以为会换来孩子们的感动与掌声，不料，一个男孩子腾地站起来，颇有些不屑一顾地说："老师，我就是不喜欢语文。"当时的我，竟一时语塞，无言以对。

接下来的一年，我和这个班始终处于“文斗”的局面之中，有过甩手离开，有过倔强的眼神，有过不服，有过严厉的批评，有过请家长，有过……可我们的关系，却依然是咫尺天涯。

也许，我并不适合当老师？要不，怎会当得如此累，如此伤心。

这一年，跌跌撞撞地挨过。

| 萌芽 |

直到有一天，在一次榜样教师报告会上，听到小风习习的故事。

她，一个其貌不扬的女子——这是她留给我的第一印象。

她，微微斜着身子，一开口，甚至还有些扭捏与羞涩。

她说，她没什么好讲的。可这一讲，就是两个多小时：一位普通的农村小学教师，意外受骗举债，生活跌至谷底；在没有任何支持的情况下，只身加入新教育实验，分期付款买电脑、给孩子们买书，自学……就这样蜕变、成长。

我再也不敢小看台上的女子——这个坚定、执着、勇敢的女子——一个在我眼里傻到极致的传奇女子。

小风的故事，听到我落泪。她如此穷困，又如此富有。她朴素的外表下，有着一颗怎样敏感又慈悲的心。

我喜欢她，因她，而喜欢新教育。小风的故事如同一粒小种子，悄悄地植入我的心底，悄悄地生根发芽。

从此以后，又渐渐发现了其他同路人。我逐渐发现：他们单纯，单纯的人，才会有梦想，才会相信童话；他们善良，相信美的事物，会被一切美的事物所打动；他们多才，这份才华，来自大量专业书籍的阅读与积淀；他们执着，这份执着，支持着热情退却之后继续前行……

所有这一切，在以前的我看来，不过是哗众取宠，不过是痴，甚至是傻。如果不是我亲眼看到，亲耳听到，亲身感受到，真的很难理解，也很难相信。

而我，能做到吗？我不知道。我只知道，我迫切地想要成长。那种渴望，犹如一秒不停奔入大海的溪水。

我也想到，接下来的路一定很累，除了累，还会有很多的误解与嘲笑。我问自己，我准备好了吗？

内心的声音非常坚定：一个人，有理由拒绝一切，但绝没有理由拒绝进步与成长。这条路，开始时，一定倍感艰辛。回望时，一定满怀幸福！

恰好，我接手一年级。

于是，我也带着学生们踏上了儿童课程之旅。从晨诵开始，读金子美玲，读金波，读谢尔。我们从绘本开始，读好笑的《大卫不可以》、读温暖的《狼狼》……我们一起陶醉于一首首小诗，一起感动于一个个故事。

在诗歌与故事的滋润下，我的内心也变得宽容与柔软。孩子们的种种调皮，在我眼里是那么正常，甚至可爱。

当我试着接受这一切的时候，孩子们却更听我的话了，我也更轻松了。

我的改变，很快带来了孩子们的改变。这种改变，可以说是瞬间的，是令我难以置信的，这种改变，虽然还会反复，虽然还不够彻底，虽然和学习成绩还差了很远，但我感受到了，那种来自生命的最深处的向往和呼唤。

只是，我的这种改变，有时还需要自己的不断提醒，还不曾养成良好的习惯。但我想，这对我，对孩子们，都会是一个良好的开始。

记得那天下午，一来学校，陈家豪就跑到我身边，递给我一个小东西。接过来一看，是校门口卖的带有名字的手机链，他送了我一个“家”字，自己留下一个“陈”字。

我高兴地说：“你把自己的名字都送给我了，我真是太喜欢了。”然后挂在自己的办公桌抽屉的把手上，并认真地问他：“你看，我挂这里行吗？”

他点点头。我被这份信任包围，也幸福着。

下午进行日清工作的时候，他早早地就让组长检查听写词语，一听写完，就兴奋地对我说：“老师，我只错了三个！”

“真的吗？才三个呀！进步真大！”对他来说，这的确进步不小，要知道，以前每次听写生字他都会错上十几个。

| 扎根 |

不仅孩子，学生父母和我也走得更近了。

那天一大早，还没出门，黄海洋妈妈就打来电话：“李老师，您来了吗？我想和您说点事，我在学校门口的路边等您吧！”

黄妈妈腿脚不便，走路要架着双拐。家里三个孩子，丈夫经常不在家，老大已经成家，老二正上高中，黄海洋最小，常常是母子俩在家。

可这样的家庭，每次家长会黄妈妈都亲自参加。母亲节活动，她来得最早；我请父母们为班里小书架做个帘子，她就主动想承担这个任务……这位母亲坚韧、顽强、善解人意，所以黄海洋也是少有的懂事、成熟和独立。

来到学校，黄妈妈立刻迎上来：“李老师，您让看的那个读书节目我看了。我觉得讲得特别好，里面推荐的书也特别好，我想问问看，您能不能帮我在网上买几本？”

假期里科教频道推出了有关童书的几期系列节目，我就发短信告诉了家长，请他们抽时间观看，有感受的话请一并记录下来。原来，她这样急匆匆地找我，就是想让我帮她买书。

我连连点头：“没问题，没问题。有的书不必买，我借给你就好了，值得收藏的，我帮你挑几本。”

“没关系，我想了，再穷也得给孩子买书。咱给孩子提供不了多好的环境，但书可以。”

是的，书可以带孩子到更宽广的世界中去，可以让孩子和伟大的事物对话。这些，别说家长做不到，我又何尝做得到。我们相比书籍，所知真是寥寥。

她接着说：“李老师，您让写的我写了，可我没文化，写得不好，就撕了，又写了一遍。”

她一边从手提包里掏出那一张薄薄的纸，一边不好意思地说：“咱是没多少文化，但有些道理，咱懂。”

我说：“有没有文化不重要，重要的是是否用心。很多没文化的母亲培养的孩子也很出色。”

我从她手中接过那片纸，却像是接住了一位母亲的心。因为第一节有课，来不及细聊，我匆匆走了。她最后匆匆说了一句：“李老师，我愿与您一路同行。”

我重重地答：“放心吧！”

那天整整一天，我的心都无法平静。黄妈妈那一句话，我期待了很久，终于，我从学生父母的口中得到。想必她对我说出那样一句话，也是鼓足了勇气。

黄妈妈交给我的那张纸上，工工整整地写道：“李老师，那一套系列作品，还有这几本书请您帮我买到，虽然我各方面比不上其他孩子的家长，但是，买书买不穷，再穷不能穷孩子。肚里没知识，没文化，没道德，没有一颗善良宽容的心，那才叫穷得一无所有。我虽然没有那么高的文化，但我和孩子会与您一路同行，不要丢了我。”

没有华丽的词藻，没有过多的修饰，简单而又朴实，却震撼着我，冲击着我。

我想说：我为与这样的父母们相遇，感到无比骄傲！

而我能否真的让大家放心？我有这样的能力吗？我只有努力。

就这样，工作第11年，我终于品尝到了幸福的滋味。而这幸福，源自新教育。

曾经，我总觉得那些新教育的老师有些痴，也有些傻。如今，我也像我曾以为的那些近乎痴傻的人一样，

在痴中醉，在傻中乐，那个中滋味啊，又有谁人能懂！

网名：静待花开　　河南省焦作市建设西路焦作五中

童喜喜点评

孩子的诞生，同时意味着父母的诞生。从普通男女青年成为人之父母，看待事物、看待世界的角度，也会随之改变。

但是，“幼吾幼”是人的天性，“以及人之幼”是后天修为。

以一双母亲的眼睛，来看待面前的学生，仅仅是教育的起点：满怀爱意地关注与发现。然而，这也是教育的原点：将人视为人，将生命视为生命。

从这一点出发，以一个又一个契合生命的课程为依托，以一节又一节唤醒生命的课堂为纽带，追求完美而不苛求实现，不疾不徐，心平气和，日复一日地耕耘。时光越是漫长，教育将由此愈发显现出无穷魅力。

从这一点出发，将父母深深卷入到教育的共同体之中，让父母、孩子与教师一起成长，让教室从一间小屋扩大至数十家庭，扩大至社会乃至天地的无垠。空间越是辽阔，教育将由此愈发显现出无穷威力。

如痴如傻耕耘者，终将得见美景，如痴如醉。

遭遇不一样的阅读

作者/第17号春季种子 党玲芬

我33岁、工作第14个年头的时候，遇见了不一样的教育。这种不一样的教育，从一种不一样的阅读开始，由一种不一样的阅读进行，让我有了不一样的成长。

在此之前，我的教育生活很安逸，很平静：在乡村小学，教了8年语文5年数学。学生喜欢、家长信任，教学成绩好，顺利晋升小学高级。更多的时间用来消遣性地阅读：文学、历史、武侠、古诗词、人文……写一些小资性的文字。

直到2008年的冬天，一切开始不同。

|遇见不一样的阅读|

2008年冬天，是我到孟州市育新小学的第二个学期，担任毕业班的数学老师兼班主任，教语文的是副校长谢晨光。知道我爱读书爱写作，他邀我参加了两天会议，由于国祥、铁皮鼓、马玲等专家主讲，主要讲的是阶梯阅读。

不就是读书吗？刚做老师的时候，我就带孩子们读，而且坚持了14年。课堂上，我会将自己看过的文学作品讲述给孩子们听，每天我们都会有一节自由阅读课，我们班的孩子的书包里永远都会装上一本课外书。我还经常和孩子们一起到大自然中去，去河堤上采风，去田间看庄稼，去河里捉鱼。哪怕在教数学的几年里，我也经常在自习课给孩子们读金庸，读故事……

可是我从来没听说过：阅读要按阶梯阅读，要有选择。阅读不是为了提高阅读与写作水平，而是为了滋养生命，为了给孩子铺展广阔的智力背景。阅读还要共读，师生共读，亲子共读，拥有共同的语言密码。

回到学校，我就和谢校长争辩。为什么非要读诗，唯美的散文随笔不也挺好么？为什么要读童书，哲理散文不更能对孩子有所启发？为什么要共读，自由读不是更有个性？

可是，渐渐地，我发现我错了。

按照讲座介绍的，我还是尝试着在教室里开展了共读，我们共读的书是《特别的女生萨哈拉》。这种读书方式对我来说很新鲜，再说我也爱阅读，因此也很投入。我上网搜索共读案例，学着让学生记录共读日记。很快，孩子们每天在日记里写读后感，而读日记成了我每天最盼望的事情。我和孩子们同喜同悲，有时候我的批语甚至达到近两千字。“萨哈拉”成了我们的语言密码，我们自己的愿望和梦想也逐渐被这本书照亮。虽临近毕业，我们却每天都要留一节课作为我们的共读课，在课上，我们讨论，分角色朗读，讲述自己的梦想和愿望，没想到毕业时，孩子们反而取得了更加可喜的成绩。

我还记得李鹏飞，一个残疾孩子。因患脑瘫而双腿无法行走，在校外他可以蹬三轮车代步，在学校他需要扶着凳子勉强前行，因此入学时几次遭到拒绝，后来入学了比同班同学要大两三岁。他有一颗脆弱而敏感的心，经常因为一些小事和同学们闹得面红耳赤，班上同学多数对他敬而远之。在读到萨哈拉说自己的愿望是成为一名作家一章时，在他的共读笔记上，我读到了这样的句子：“我觉得自己就是萨哈拉，躲在操场的角落，大声地呼喊，自己是个孤儿。但现在我知道，虽然我腿有残疾，但我是有思想的，我可以阅读，可以写作，我的理想就是希望自己长大后可以自食其力，给家人减轻负担……”他的确在变，性格在变，变得自信，开朗，对人有礼貌，懂得体谅别人。

为什么会这样？同样是阅读，为什么孩子的变化会这样明显？我不知道。我只是感觉到心底某种东西苏醒了过来，安宁与释然。

|遭遇不一样的成长|

从师生共读，我的眼前逐渐展开了新的阅读世界：儿童课程，专业阅读、专业写作和专业共同体，有效课堂，校园文化，完美教室，卓越课程……这一切，以阅读奠基，在我面前展开。

2009年，送走了毕业班之后，我接手了一届一年级，改教语文，想着从此可以肆意地带着孩子们走在阅读的道路，是件多么惬意的事情！于是，常丽华老师的《农历的天空下》晨诵指导书成了枕边书，还上网查阅陈美丽老师的农历天空帖子，简单模仿着：到什么节气，人家读什么，自己也读什么。

模仿过程中，很快发觉自己解读文本的能力很差劲，发觉简单的模仿忽略的是对面的孩子，使得课堂中缺少了生命的元素。于是，为了提升自我素养，又开始了新一轮阅读。

我阅读教育学心理学著作，从苏霍姆林斯基《给教师的建议》入手，每读一篇就写一篇读书笔记，可是，如此用心读了30节之后，却突然觉得自己读来读去只是读出了自己想要读的东西，而且，只是在读文字，无法联系上生活。

幸运的是，此时我又遇到恰逢其时的指引：焦作市教科所的张硕果老师向我推荐了新教育网络师范学院（简称网师）。我申请加入之后立即选修了《苏霍姆林斯基教育学》。两相对比，我发现以前虽然爱阅读，却长期陷入消遣性的阅读状态，缺乏思的能力。从此，我开始摘抄，通过笔记再次回想作者的思路与作品的结构。而在读其他书的时候，遇到相似情境，再迅速把它们调出来反复揣摩；在教学中，遇到某些与书上相关的情况，也联系起来进行反思与实践。慢慢地，我开始感到自己的阅读品质在提升，自己逐渐开始有了与图书对话的能力。

与此同时，我几乎每天以现象学的姿态记录教室里发生的故事，记下自己的阅读思考，记下我们的晨诵、午读与暮省，记下我们的一个个活动，写下了三十多万字。这沉甸甸的三十多万字，不仅让我在不断地反思、研究中得到了成长，将专业阅读和专业写作化为自己的生活方式，同样把父母们也带到了一条和孩子共同成长的道路上。我的教育生活不再安逸，甚至每天晚上几乎没有12点前睡过觉，我每天发疯地读书，读书笔记写了一本又一本。可是我却觉得自己很充实，很快乐。

这样的成长，还在继续——2012年10月9日，我到四川成都参加新教育写作研修培训班，这次培训颠覆了我的很多思想和行为。培训结束的作业是每个学员写一篇《我的得意弟子》的文章。我所写的文章表达的主题是呈现一个逐渐从内心朝向卓越的孩子，自觉起码主题是不错的。可是培训班里的王艳芬编辑找我谈话，指出了很多问题，这些问题恰恰不是写作技巧上的，而是从文章中所体现出的教育思想。我在和她的争辩中既阐述自己的观点，又反思着自己。王编辑说："回到生活本身，回到人本身，人所有的我都有。真正把这句话活出来，就能明白我说的意思。"

用这样"简单"的标准来看，我突然发现自己完全不懂得教育。这种"倒空"的感觉让我惶恐而痛苦。2012年冬天，我成为"种子教师计划"公益项目的一员，我开始尝试着用更纯粹的目光来关注教育，注视孩子。我经常静静地观察某些孩子，留意自己和孩子说话时的每句问答，注意自己处理事情的方式，是否真正把孩子放在了首位，是否尊重了每个孩子的个性发展。把横在自己脑子里的各种标准杠杆放下，回到孩子这个人的本身，冷静客观地观察每一个生命个体的生存状态，甚至生命状态。而我渐渐由此发现自己越来越懂得"教室"一词的含义，越来越明白"生命"二字的分量。

|转角遇到了幸福|

在不一样的阅读和不一样的生活中，"成就孩子的生命幸福"成为我心目中教育的终极意义。我期待在跟孩子相处的过程中发生内在的生命联结，渴望和孩子们建立更真实的师生关系，相互信任、敞开胸怀，彼此接纳。我把自己的所有精力和热情付诸在自己的教室，根据班上孩子的生命节奏和现状摸索前行，打造属于我们自己的完美教室。

我们拥有了全班同学参与的口风琴乐队。每天下午十分钟训练，每周两节音乐课时间钻研。这一次，我们想把口风琴和我们的农历天空课程结合起来，使得孩子的生命更加丰盈。

当然，我们继续晨诵，午读，暮省。我们继续以课外阅读推荐课为孩子们打开课外阅读的大门。结合我们教材的内容，根据孩子们的年龄特点，我相继推荐了一系列的图书。我们继续整本书共读课，在每个章节留下我们师生共同行走的痕迹，或圈，或点，或画，或批。我们继续分角色朗读，从中读到了自己，读到了父母的心，读到了理解与尊重，读到了自我的人生尊严。

这样的阅读，成为我们最为期待的时光。通过孩子们身上的改变，通过活动的展示，阅读同时也唤醒了很多学生父母，这些文化素养并不高的父母们，也下决心和孩子一起阅读。

班上有个孩子，每堂课上学会认字和写字就让他筋疲力尽，一段话几乎是拼音大串烧，并且拼音也拼得面目全非，一篇课文读三遍仍然像“炒豆子”，憋得满脸通红，写字的速度又如蜗牛爬行，让人急不可耐……家委会上，我读苏霍姆林斯基的句子给家长朋友们听，我给他们谈亲子共读的意义，我在黑板上写下史斯克兰·吉利兰的诗句：“你或许拥有无限的财富/一箱箱的珠宝与一柜柜的黄金/但你永远不会比我富有——我有一位读书给我听的妈妈。”

于是，他妈妈说：“党老师，我要做这样的妈妈。”从此，孩子的每一篇日记，她都会在孩子不正确的拼音上进行更正，在不通顺的句子旁做润色，并且每篇的日记后面，她都会写上鼓励的话来鼓励孩子。每到周末，她都要带着孩子到公园、河岸或田地，走进大自然，去观察，去感受，寻找日记的素材。她也专门买回鱼缸，喂养小鱼，或是种花种菜，让孩子学习观察，坚持和孩子一起读故事……

这个孩子今后会长成什么样子呢？我不知道。也没人知道。但我知道，此时此刻他就在幸福地成长着。因为我也和他一起，遭遇到了不一样的阅读，开展着不一样的教育，有着不一样的成长。

网名：听雪　　河南省焦作孟州市育新小学

童喜喜点评

一个人躯体的成长，会随着时光的流逝而停止，然后开始委顿，最终归于泥土。一个人的精神，却在生命的任何一个阶段，都可以重新开始，都可以继续丰盈，直至无限壮美，在时空里永生。

后者的成长，需要一些“不一样”来与日常生活碰撞，从而闪耀出火花。

但是，在这个信息无限丰富的网络时代，归根结底的“不一样”其实是缘自内心的相信：你相信教育可以在现状下与平常所做的不一样吗？你相信人生可以在平凡中又与多数人度过得不一样吗？

只有相信不一样，才能看见不一样，才会遭遇不一样，才会拥有不一样。

为梦想前行

作者/第30号春季种子 姚修萍

毛虫的梦想是破茧成蝶，飞舞在五颜六色的花丛中，欣赏大自然的美丽；小种子的梦想是破土发芽，茁壮成长，长成参天大树，吸取阳光的力量。

上中学时，感受着老师对我们的关爱，我就想有一天我能成为老师，站在三尺讲台给学生讲课，身边围满学生，那是多么幸福。填写高考志愿时，带着这样的梦想，我毫不犹豫选择了师范大学，向着自己的梦想前进了一步。

|激情，因梦想而生|

2004年，对我来说充满挑战。师范专业学生已不再分配，只能参加招聘考试。我忐忑不安，不知道有没有招聘教师考试，不知道能不能考上。幸亏命运的眷顾，我等到了招聘教师考试，在闭门复习一周后，我通过了笔试、面试、体检，成为了一名教师。

实现了对三尺讲台的憧憬，我的兴奋，我的欣喜，无法用言语表达。带着欣喜，我走进了一所农村小学。由于人手不够，我被安排教五年级数学，虽然不是自己的专业，但是也得服从安排，我拿出实习时指导老师给我写的管班经验和教学经验，一遍遍看，告诉自己：在学生面前要严，先要镇住孩子们，这样课堂才会有秩序，否则学生会乱作一团，以后就不好管理。

孩子们在我和班主任的严格管理之下，果然变得非常听话。但是，爱笑的我也少了些许笑容。尽管成绩很好，可是我的心却越来越不安。难道我追求的课堂就是这样的吗？我一遍遍问自己，我这么热情高涨的一个人，爱玩、爱笑，可是在课堂上却要表现得那么严厉，让孩子不敢亲近。我不知道路在何方。

一年后，我当上了这个班的班主任。还有一年孩子们就要毕业，我试着改变自己的方法，试着和孩子们交流、沟通。尽管当时学校特别重视成绩，我也没忘和孩子们周末一起爬山、一起去公园。孩子们和我用信交流，都称我为大姐姐。

我看到了方向，看到了希望。短短的两年时间，我和孩子们建立了友谊，我多么高兴！与此同时，孩子们喜欢上我的课，我们的考试成绩也名列前茅。

就这样，我送走了三届毕业班后，我的热情也就慢慢消退。我所带的班成绩虽好，可是，孩子们的那种热情却是一届不如一届。

原因何在？小升初的压力，分数重要。回望自己，我也为了分数，为了成绩，开始大声斥责着孩子们。难道我要的就是成绩？不，我不要这样。

整整四年时间，我停留在原地，甚至感觉自己还在退步。可我没有忘记最初的梦想，我心里告诫自己，如果这样下去，我的激情、热情将不会再有，我的学生们更不会因为遇到我而幸运。

|教育，因梦想闪光|

2008年6月，女儿的诞生，带给了我一个不一样的天空。她让我感受到生命成长的力量，我多么想把所有美好带给她。因为有了她，我的工作调到离家较近的城区学校。2009年春季，我接手一个新班。

不知是领导在考验我，还是认可我的能力，这个班是全校闻名的乱班，谁见我就说："这个班不好管呀！全校最乱。"也许性格中就有一种不认输的骨气，我心里暗想："我就不相信有那么乱，我不相信我管不好。"

我和孩子们第一次见面，教室乱七八糟，他们看到我权当我是空气。因为有了思想准备，我没有发脾气，只是站在讲台上一句不说，就那么静静地站着。有一个孩子看到我，坐好了，渐渐地，一个个都坐好了。接下去，我用了一个学期整顿纪律、培养班干部，耗费着我大量的时间和精力，度过了无助、疲惫等各种阶段，和孩子们"争斗"着，和学生父母们交流着、沟通着。我付出了，孩子们渐渐地变了，各项工作有条不紊了。可是孩子们学习的兴趣该怎样激发呢？我又彷徨了。

2009年秋，我们学校参加了新教育实验，我们年级组作为学校的实验组，开始走进《农历的天空下》课程。在组里我最年轻，我把这视为一次学习、成长的机会，随着团队，带着三分欣赏、七分虔诚，开始了我的临摹，开始了“农历诗词”之旅。从冬至、大小寒，到春分，再到清明，就这样，我们模仿着让孩子们走进一首首古诗，让孩子们尽情享受诗词带来的独特感受。

接下来的这一年日子，我在忙碌和充实中度过，每天晚上回家第一件事情就是把每天晨诵的诗歌和感受，发到教育在线帖子上，或许是因为团队的激励与鼓舞，那种劲头在我教学的前几年都不曾有过。也是在这样亲身参与的课程实验中，我看到了方向，看到了孩子们的改变，没有刻意的关注，不知不觉中，孩子们的成绩上来了，我明白，孩子的生命中开始了真正的拔节。

2010年5月，读书漂流俱乐部在我校启动，孩子们人手一本共读书，我更加兴奋了。此前苦于孩子们没有书，没有办法共同阅读，现在我们可以徜徉书海。孩子们在大量共读中度过了他们小学的最后一年，他们如饥似渴地吸吮着书中的知识，没有因为是毕业班而放下手中的书。与此同时，两年的时间我带的班在学校各种活动中取得好的成绩，毕业考试也令人满意。

我虽然找到了方向，可是这一切都是随着我的团队一直在走，我为有这样的团队而骄傲，我为团队带给我的成长而喜悦。

接下来，我要拥有一个班，我的教室应该是怎样的教室呢？孩子们应该过一种什么样的生活呢？向着梦想前行，我期望自己从头开始。

| 遭遇，因梦想照亮 |

2011年8月，我接手新的一年级，感觉压力非常大。简单的一年级其实不简单，就好比一张白纸摆在你的面前，等着你去描绘，你要想在纸上画出一幅美丽的图画，你的每一笔都非常重要，起笔更为重要。说实话我总感觉一头雾水，我不知道从一年级至六年级该如何行走，我的这幅画该如何起笔。

8月29日，我参加了“焦作市新教育实验开学工作会议暨打造完美教室培训会”。来自解放区团结街小学的李娟老师以“一年级，我们曾经这样走过”为主题介绍了小雁班一年来班级共同体建设和师生共读共写共同成长的故事，关于班级家长委员会的建设、班级活动课程的开发、学生自信心的培养及师生教育故事的书写等做法给了我极大的启发。看到她对教育的执着和热爱，对学生的用心和付出。我就想，我的孩子们一年级如果这样走过该多好呀！有了想法，不付诸实践，等于白想。我怀揣着梦想上路了。

让我更加坚定走下去的，是聆听了榜样教师小风习习的成长故事。她的成长可谓一路艰难，生活到了举步维艰的地步，还买电脑、为孩子们买书，她的故事感动着我。这样一位朴实的教师，她的生活极其困苦，但是她的精神极其富有，这就是追梦的人。虽然以前也听到很多类似的故事，但是她的故事带给我的震撼最大，她就如一粒小种子，在我的心里种下梦想，我更加迫切地渴望成长。我知道，这条道路上肯定有很多的不理解，这条路上我会很艰辛，但是我坚信，这条路上的风景会别样的美。

|生命，因梦想成长|

幸运的是，我得到了校长的支持，校长给我搭建了成长的平台。

于是在我的教室里，我和孩子们晨诵“入学教育”“让我们全都喜欢”“走进美好的大自然”“我和冬天有个约会”“走进春天”“童趣”“好孩子、好品质”“夏天的诗”等诗歌课程，从这些儿歌、童谣、古诗、现代诗歌里，我们享受诗歌带给我们生命的丰盈。

我们共读了绘本《好饿的毛毛虫》《我喜欢书》《大卫，不可以》《猜猜我有多爱你》等故事，孩子们在故事中有了自己成长的梦想，爱上了读书，养成了好的学习习惯。于是，在每一个孩子生日来临的时候，我都会把一首经典的儿童诗进行改编，把孩子的名字镶嵌在诗里，然后由全班同学郑重地齐诵送出。生日送诗是一粒爱的种子，我相信有爱种子就会开出美丽的鲜花，这个简单又特别的仪式，让我慢慢走近孩子，感受到来自孩子们更多的爱与力量。

幸福的是，我有着一群同伴和我陪着孩子们一起成长。被我感动的家长们让我们的图书角增加了一本本图书，教室摆满了一盆盆鲜花，这样的一路同行，现在我和家长们都成为了朋友，几乎没有教师和家长的界限。放学见到我，有几个妈妈都是挽着我的胳膊进校园接孩子，边走边聊……这种幸福，我心里很甜。

我永远难以忘记那个叫张佳豪的孩子。他的父母都在农村，大娘带着他在这里上学。刚进班时不会说普通话，我就告诉孩子多读儿歌，多读书。一学期下来，不仅会说普通话，而且爱上了读书。一年级期末考试成绩并不理想，二年级上学期他又因为生病住院没有参加考试，在医院里，没事的时候，他总会拿本书看。二年级下学期来到学校，他明显瘦了，但是我却发现他更爱读书了。下课时，手中总是捧着一本在图书角借阅的图书，并且常常要大娘给他买书。我内心十分高兴。二年级期末成绩出来后，我第一时间把消息告知孩子的大娘——他的成绩由原来的40多名，上升到前20名。大娘喜出望外地说："还是读书好呀！"

工作了9年，由最初的激情洋溢到停滞不前，再到快速成长，我为梦想前行。这追梦教育的一路，也许旁人很难懂得其中的快乐，但是我深深明白：这就是幸福。

网名：爱的畅想　　河南省焦作市东环路小学

童喜喜点评

人生之路，我们能够看见怎样的风景？

我们常常认为，这取决于我们选择走了哪一条路。比如，当医生和当教师，我们看见的风景自然不同。

其实，哪怕是相同的路上，我们也能看见不同的风景——我们心中有，眼里才会有。

所谓梦想，就是从心里发出的那道光。它会把我们面前的事物照亮，从而让我们发现自己想找到的路，循此前行。

因此，同样的教师之路，会欣赏到不同风景。和绝大部分老师一样，姚修萍老师也走着一条同样普通、平凡、琐屑的教师之路，姚老师却用自己那道梦想的光，不断发现，不断追寻，从而，她在不断发现新的风景，并且自己也成为了风景的一部分，最终拥有了人生的幸福。

成为一名教师

作者/第15号春季种子 陈娟

根据字典，所谓“以……为业”，就是公开地、因而也就是当众地供认或表明信仰，所以也就是在世人面前公开承认从事某项工作的内心冲动或神灵的感召……例如，我们讲到职业信仰时情况就是如此。

——威廉 · 巴雷特

踏上教师这个工作岗位已经十几年了，原本应该变得“成熟”的我，却像情窦初开的小姑娘一样重新爱上了教师这个职业。因为在我眼里，“教师”两个字正在被赋予更多的意义。

| 不只是一份工作 |

这些年来，我不断地重复这样的工作——迎来一批新生，把他们送往更高的年级。我似乎只需要靠着认真和勤奋，“贩卖”些知识给学生，便足以换取那份工资了。因着认真和勤奋，我还从家长那里博得“这个老师很负责”的薄名，总有一些家长想把孩子送到我的班上来。

三年前，一位近七十岁的老爷爷特意送我两朵栀子花，他说：“我的孙子考上了一中，你有功啊！”作为孩子的启蒙老师，我虽然为孩子取得的成绩高兴，但这样的插曲不仅无法让我感到陶醉，更触动了我内心的隐痛。

其实，我并不能教育好每个学生，这让我强烈地体验着教育的挫败感：曾经有一个学生，上课很认真，只是因为不知道该怎么写作文，便开始逃避学习，最后发展为逃学；有一个学生，学习还不错，只是有时候会莫名奇妙地和家长闹别扭，宁愿挨打也不上学，我一次次和他谈心，但至今都不知道他当时心里真正的想法；还曾经有一个学生，智力并无异常，但尽管我在他身上倾注了许多心血，直到他离开我的教室，仍然大字不识几个……

也许，我可以大言不惭地说这不是我的错，每个教室里总会有那么几个问题学生。可是，如果我没有把和自己相遇的每一个学生带到一条更好的成长道路上，总觉得自己是失职的。这便是我痛苦的根源。

我甚至想：如果我只是一名工人，只需要专注地劳作，就能生产出整齐划一的产品，那该多么轻松！

可是，我是一名教师。教师，不只是一份简单的工作，它需要的是心灵和心灵的碰撞。

| 每个孩子都是特别的 |

痛苦中，我仍在寻找一架通往孩子内心世界的桥梁。特林 · 芬瑟说儿童诗具有治疗效应，我发现绘本故事同样具有这种功能。我喜欢给每一届的孩子们讲《你是特别的》这个故事。才七八岁的孩子听了故事会这样说："你是特别的，你的妈妈很丑，没关系。你做错了事情，没关系。你不小心打破了花瓶，没关系。男生欺负你，没关系。布娃娃不见了，没关系。你很肥，没关系。妈妈打你，没关系。你不小心摔跤了，没关系。"

孩子们的回答让我愧疚。许多时候，我并不真的敢对孩子说"做错了事没关系，考试不好没关系，失败了没关系"。因为在内心深处，我所关注的并非一个个具体的孩子，而是一个班级。原本明白有些孩子所谓的错误不过是个性使然，但各种考评会直接与班级挂钩，个体的孩子往往等同于"拖后腿"的孩子。为着一些所谓的班级荣誉，个体的孩子从我的视界里消失了。过去，我沿用一套教材、一种教学方法教四五十个孩子。当一部分孩子不适应这种方法时，我还能振振有词："别人怎么能学会？"什么尊重学生的个性差异，什么因材施教，早被抛到脑后。此时此刻，只恨没有一种"更好的"教学方法，能够一劳永逸地把所有知识像植入芯片一样装进学生脑袋里。或者，孩子们最好像机器人一样，统一执行规定的程序，统一接受规定的知识，甚至统一考100分。

可是，扪心自问，这是教育吗？如果这也算是教育，就算教出来的每个学生都考100分，也不过是教出了一批机器人而已。他们将说着同样的话，做着同样的事，重复着同样的生活。不，这不能算是生活。用存在主义大师克尔凯郭尔的观点来看，他们根本没有存在过，他们都是白白到这个世界走了一遭的虚无。

感谢孩子们让我领悟到这一点。我告诉自己：作为教师，心里要时刻装着一句话："你是特别的，你是最好的。"因为坐在你面前的不是几十个学生，而是一个个活生生的人。

|用我心换你心|

每天早上，我带着孩子们读诗，用优美的语言唤醒每个黎明。我给孩子们讲绘本故事，让孩子们幼小的心灵浸润其中。我每周给家长写一封信，告诉他们一周来孩子们的进步。孩子们过生日了，我就给他们送去一首诗作为生日的祝福。为一个女孩送去生日诗后，她妈妈给我写了一首诗：一句至理名言／早已深入人心／那就是／你是特别的，你是最棒的／不仅让孩子／信心满满／也让大人／难以忘怀／谢谢你，老师！

一个男孩过完生日后，他爷爷更是写了一封长达七页的感谢信，详细记录了我对这个孩子的关心和爱护。我自己的侄儿在上一年级以前要求我送一部点读机作为来年的生日礼物，眼见那么多同学收到老师的生日诗，竟然早早地要求把点读机换成一首生日诗。是什么让家长和孩子对生日送诗如此珍惜？只因为我在生日诗里倾注了自己全部的心意!

六一前夕，我每天挤出时间和孩子们一起排练课本剧《迷路的小鸭子》。虽然是在班级内表演，我仍然张罗着给孩子们化妆。孩子们满脸兴奋，他们排好了队，等待我给他们涂涂抹抹。不知是谁带头，一帮小不点在走廊上整齐地喊起了口令：“陈老师，万岁！陈老师，万岁！”这么夸张的阵势，不只是因为我们度过了一个不一样的六一儿童节，还因为他们心中有爱要表达出来。

|过一种幸福完整的教育生活|

今年暑假，我组织班上的孩子们举行了“相约新兰广场”活动，利用每天晚上散步的时间参观社区，认识一些植物，进行一些简单的口语交际活动，玩一些平时想玩但没时间组织的游戏。我的初衷是把社区附近的孩子们集中起来，没想到几个平时需要坐校车才能上学的远道孩子也想方设法前来参加活动，有的孩子不吃晚饭就到广场上等我。一个孩子下午去城里学画画，放学后和家长在外就餐。因为急着参加班级活动，他不停地催促家长赶快回家，让父母饭没吃好就赶回来了。还有几位家长，连续六天雷打不动地准时带孩子到新兰广场等我。我们像一家人一样快乐地游戏着、学习着。我们的活动吸引了许多人围观，有人甚至以为我们是某个培训班或者夏令营活动组织。

活动结束后，有家长给我留言："老师，谢谢你对孩子们付出的辛劳。孩子这几天在家表现也是很棒的。" 孩子们的变化令我欣慰。更重要的是，我在活动中看到了许多孩子的另一面。有的孩子特别有规则意识，过马路时一定会先看看来往车辆。有的孩子在学校里表现平平，可是在活动中非常专注。在我组织的另一项暑期活动"周末读书会"中，我还发现一个孩子每次都能够用准确而简洁的语言回答问题，这与他在课堂上的表现判若两人。对这些孩子能力、特点的新发现，也为我下一个学年对他们实施更有针对性的教育活动提供了参考。

越来越迷恋上了这样的感觉。每天的闲暇时间，当别人选择打麻将，选择逛街，选择网上购物的时候，我选择了趴在电脑前学习、记录每天的班级故事，或者看一些专业书。人家网上购物，淘宝天猫聚划算。我也网上购物，但我是当当卓越淘童书。每每想起自己这几年来为了成为一名能够给孩子带来幸福的教师，每天晚上坚持学习、工作得到的收获，心里确实感到无比充实与安宁，这不就是教育生活的完整和幸福吗？！

| 选择成为一名教师

苏格拉底每天站在雅典广场上与人辩论，为他们的智慧接生，最后为了真理慨然赴死，活出了对哲学的信仰。亚伯拉罕为了上帝的召唤献出自己的爱子以撒作为燔祭，活出了对上帝的信仰。我国春秋时期的大教育家孔子广收弟子三千有教无类，培养出七十二贤，他活出的是对教育的信仰。我呢，有什么值得让我纵身一跃投入那七万英寸的深渊？

和那些伟人比起来，我的力量如一只萤火虫般微弱，但我同样热情地追寻自己存在的意义。我以自己对教育的虔诚，郑重地对自己许下一个承诺：选择成为一名教师，带着宗教般的信仰从事教育职业，我愿意把自己的生命倾注在教师这个职业上。为此，我将坚守自己那一间小小的教室，致力于让每个幼小的心灵因我的存在而体会到成长的幸福。

我选择成为一名教师，也将在日后的生活中不断做出同一选择。

网名：天微晓　　武汉市蔡甸区大集中心小学

童喜喜点评

生命里，每个人都会不断面临很多选择。做一名平庸的教师亦或卓越的教师，也是一种选择。

选择卓越，就意味着必须打碎自己的平庸，以求涅槃般浴火重生；意味着需要承受教学中遭遇的诸多问题给自己带来的无力感和挫败感；意味着需要对每一个具体的孩子身上具体的问题有足够的关注和反思；意味着需要有为了提高自身的专业能力而不敢懈怠的努力……

但因为惧怕遭遇痛苦，惧怕失败，更多的人宁愿耽于表面的光鲜，不再思考存在的问题，因而原本独特的生命，逐渐沦于平庸和虚无。

如苏格拉底为了真理选择了慨然赴死，活出了对哲学的信仰一样，觉醒的陈娟“纵身一跃”，为自己“以教师为业”的信仰做出了选择。

成为一名教师——这“成为”，不是被动地接受，而是主动地选择。何其幸哉！

中篇

我们认出风暴而激动如海

几乎所有种子教师在最初践行新教育实验时，都有一个“不疯魔、不成活”的过程。他们当时所做的探索，事后看来可能其实也很简单幼稚，但那些行动饱含着教育的诗意，饱含着创造的激情。

这些为教育而激动的老师，也成为孩子们的头脑风暴之源。

和孩子们一起戴着镣铐跳舞

作者/第19号春季种子 韩帅

我任教的高中位于河南南部一城乡结合处，曾有着优良的素质教育的传统，创造出令相邻县区瞠目结舌的辉煌战绩来——不单单指分数。即便如此，近年来愈演愈烈、如火如荼的应试教育风，也在逐渐侵袭、摧残着这里。当教育一心只是为了提高分数、多送几个一本考生的时候，教师和孩子们背后的辛酸以及苦楚就无以言表了。

而我，作为一个高中教师，我深切体会到了有的孩子对学业的缺乏兴趣、厌恶，甚至是痛恨。到底是什么让教育变得如此沉重不堪？原因可能有很多，比如应试教育过早、过度地开发了孩子们的学习兴趣，等需要孩子自觉学习的时候，那份对知识最初的兴奋、激动感已经几乎消失殆尽了；比如有的教师或者学校不依据教育规律办事，也是对孩子们敏感的心的打击；比如乏味的课程设计，有时候甚至是教师自己也觉得无趣，怎么能指望孩子们保持旺盛的求知和上进欲望呢？很多孩子自然呈现出可怕的精神贫瘠的“症状”。

经历了年轻时期的无知轻狂，我重拾先前的读书爱好。一本本的经典书籍（文学、哲学、诗歌、教育等），尤其是教育类的专著，走进了我的视野。而这些书籍似清泉缕缕，不断地滋润着我近乎干涸的内心，使我在感动和反思中逐步加大、提高对自己的要求，也逐步提升了个人思考问题的深度和广度。

“人类的智慧和文明，几乎都可以在书籍中找到踪影，书籍也是经验教训的结晶，是人类宝贵的精神财富，是采掘不尽的富矿，是走向未来的基石。”（朱永新教授语）在我的生命中，阅读开启了一扇通向美好的大门，为什么不能让阅读也为孩子们的生活注入靓丽的色彩呢？我在不断地寻找，寻找那些可以丰富孩子们精神生活、充实孩子们稚嫩的心灵的书籍，在自己的一方小小教室中，开始了探究。

当然这个过程对于我这个中学教师而言，充满了困难曲折。比如说，在如何引导学生处理好高中学业学习和课外阅读的关系上，我同一些同事和领导之间产生过辩论。在苦苦思索如何置办齐全不同种类的书满足不同学生的需要上，我同孩子们也有过一些分歧。而且，怎么能让班级图书馆继续下去、保持其旺盛的吸引力和生命力，也是我不断琢磨的问题。

在这样的探索下，2012年年底，偶遇新教育、成为新教育种子教师、加入“毛虫与蝴蝶”培训群（现在更名为新教育实验项目培训群），以及2013年8月加入新教育网络师范学院，注定成为我人生中一次隆重的“盛典”，开启了令我耳目一新、如痴如醉的学习成长之旅。

从走进新教育种子计划开始，到网络培训群里的一次次研讨，在和全国各地优秀的“毛虫”和种子教师的交流中，聆听、碰撞、感悟、学习，几乎每一天都处在进取的兴奋中。再加上对《理想课堂的三重境界》《我的阅读观》《新教育》等新教育系列丛书以及其他教育专著（诸如《教育的目的》《什么是教育》《给教师的一百条建议》等）的研读，打开了我的视野，更新了我的许多观念，犹如跳出了井底的青蛙。

所以，新学期一开始给孩子们做动员的时候，我阐明了我所确定的“浪漫+精确”的课程思想。我宣布，我要和孩子们一起“戴着镣铐跳舞”，在新课标要求下，开发实施的新课程，把诸多的教育理念融入进去。在现有资源的基础上，整合过时的、僵化的甚至是死的知识，和孩子们的生命产生共鸣，产生喜悦和悸动（痛惜或者哀伤也好），借以摆脱目前单调乏味、窒息生命的应试教育。

于是，我们走进了英语学科所带给我们的诗歌王国、小说王国和影视王国等，在这些美丽的“国度”遨游，吸收丰富的营养，茁壮地成长……

到目前为止，小说方面，我们共读了英国小说家C.S.路易斯的《纳尼亚传奇：狮子、女巫和魔衣橱》、美国作家海明威的《老人与海》，英国作家奥斯卡·王尔德的《快乐王子》等；诗歌方面，朗斯顿·休斯的《生活》，普希金的《假如生活欺骗了你》，叶芝的《当你老了》，顾城的《梦想》，艾米丽·狄金森的《没有一艘船能像一本书》，郎费罗的《高度》，谢尔·希尔弗斯坦的《跳水板》，O.M.Dreamer的《你为生存做了什么，我不关心》，海子的《面朝大海，春暖花开》等，在一次次的吟诵中领略诗歌之美，感悟生命；电影方面，美国电影《十月的天空》《梵高传》《纳尼亚传奇》《老人与海》等。借助这些丰沛的源头活水，我们去了解他人的生活，思考自己的人生。

一步步的操作实施中的细节落实，更让我受益匪浅。

例如，共读小说刚开始的时候，我只是给孩子们发两三页阅读材料，破坏了阅读的连贯性和有效性，随后，加以改进。每次下发10张左右的阅读材料，并且给予充分的时间保证。刚开始的时候，我习惯于孩子们读完之后，就立刻进行交流，但是通过阅读赞可大的《和教师的谈话》，认识到这种简单的、硬性的对待艺术作品对孩子道德发展作用的做法是完全错误的，翻来覆去的道德说教，会把孩子内心里刚形成的一点新鲜的感受抹杀干净。于是我采取了其他课课前“自由讨论”的方式来实现孩子们对经典小说的“反刍”，效果良好。

继而，在阅读的基础上，进行进一步的阅读探究活动，写读后感，材料自选，形式自定。我把班里的学生分为11个小组，每组6~7个学生，挑选出组长负责。每组一个笔记本，这个笔记本放在孩子那里，让他们自主找时间进行读写绘的任务。对于诗歌，由于新教育实验项目培训群中，高中英语教师一直形成不了合力，我只好单打独斗，挤出时间来研读、选取外国经典的诗歌，制作课件，以便把这些美好的内容带到课堂，带到孩子们的内心中去。

一本好书就是一座巨大的宝库，读的人可能会因为其中某一句话就给自己的人生带来极大的转机。在这个初衷下，我积极地筹划并开展起了“班级图书馆”工作。尽管新教育发起人朱永新先生说孩子们的阅读关键期是在14岁之前，但我坚信14岁之后的孩子，只要能养成读书这种终身学习的习惯也必将受益终身。

高中阶段，想发动家长们支持读课外书的工作比较难做，但是每次家长会上我都在做宣传工作，获得一部分家长的支持。同时，我和孩子们一道商讨班级图书馆的筹划工作，和他们一道积攒每一分、每一毛、每一块钱，并用这些可贵的资源购买我们最需要的书籍。我们班级图书馆的很多书都是孩子们和我通过卖废品换钱买来的，我们在校园中捡饮料瓶子再拿到废品收购站卖掉，每一分钱都凝结着我们辛勤的汗水，还可能有别人鄙夷的眼光。通过班级每一个人的努力，到目前为止，我们的图书已经有150本之多。这些书在孩子们的手中不断被传递，被翻阅，看着他们能够静静地坐在那里读、写，我像是老农看着茁壮成长的庄稼一样，满心都是喜悦。孩子们在周记中写自己读过的书，在语文课堂上举行“读书沙龙”，在课下交流读书感受。我最喜欢看到的场景是孩子们凑在班级图书馆小小的书架上找寻自己想看的书的场景，也喜欢孩子们看到我带着书走进教室欢喜雀跃的样子，因为我觉得这些反映出了孩子们精神的丰满充盈。

高一到现在，坚持给孩子们写“每月书信”，到目前为止，已写有九封一万五千多字。在这些书信里，我们交流班级发展的愿景目标，如何更好地面对人生，阅读的作用，班级中可喜的地方以及存在的问题，还和孩子们一道分享有积极意义的诗歌等。这种交流方式的效果，是单纯的说教所不能达到的。

……

专业的成长又进一步促进了我生命的蜕变：读书、写作，喜好独处、闲暇，在岁月中润泽心灵。正像荷尔德林所言，“人类要诗意地栖居在大地上”，而闲暇是诗意生活的前提。天气适宜季节，能偷得余闲到大自然中走走，感受自然气息，身心得以轻松；或者是和亲人挚友在一起分享美好时光，闲谈南北；抑或是工作繁忙之余，一个人幽静地走在路上，感恩春之温馨、聆听夏之浓郁、收获秋之丰硕、领略冬之苍然，多么美好！

回望上班这些年来，经历了职业的新鲜期、倦怠期，幸运的是，也迎来了成长期。教育不是口号，而是踏踏实实的践行与反思。在阅读中润泽师生的生命，在践行中实现共同的幸福，让我们的教育超越“应试”，真正地做到“生命在场”，让我们的教育成为真正美丽的、有意义的事业——最重要的是，我明白了教师成长的重要性：扎下根才能发芽，扎下深根才能长高。改变自己，立己达人。

网名：雨人　　河南省南阳市油田第一中学

童喜喜点评

学校教育是全部生活的缩影。成长之中必然遭遇到种种幸与不幸，孩子年龄越大，这些症结彼此缠绕，就形成了一团教育的乱麻。高考的残酷，又将这团乱麻进一步压紧。

所以，有很多老师都说，在应试教育的压力下，自己想行动，但是没空间。

正如朱永新老师一直以“戴着镣铐跳舞”来鼓舞教育工作者一样，只要愿意行动，永远都有空间。

只是外部环境压力越大，需要向内挖掘的动力越多，需要突破的自我壁垒越厚。

放弃是容易的，现实压力让放弃变得心安理得时，就更少有人愿意向自我发起一次又一次的冲锋，一遍又一遍的挑战。

所以，现实世界总是那么无奈……直到，直到那一刻——

当为了筹建班级图书馆，师生一起弯腰捡起饮料瓶的那一刻。整个世界，就在这样的师生面前弯下腰来。

孪生姐妹新教育·做最好的自己

作者/第16号春季种子 崔金萍

1985年出生的我，在2005年走上教师的岗位，到如今已近九年。

回顾我的青春轨迹，那样清晰明了：师范毕业后夙愿得偿当上教师；当梦想实现的热度褪去后接触网师；无意间邂逅萤火虫找到新的目标；成为新教育种子教师踏上征程。

但这条路并不平坦。它时常伴随着失败、痛苦、迷茫与悔恨，不过，这些坎坷与挫折相对于那些喜悦、幸福、成功而言又算得了什么呢?

唯有一一道来，聊以纪念罢了。

|梦|

大概从小学三四年级开始写《我的梦想》这类作文起，我便知道，自己将来一定会做一名小学教师。那个时候，教师还频繁被称作“太阳底下最光辉的职业”，而我们也总喜欢用“春蚕到死丝方尽，蜡炬成灰泪始干”赞誉老师们无私奉献的品格。

然而，在我自己成为了一名小学教师以后，才深刻领悟到教师这个职业的平凡。并不如想象中那般光辉灿烂，教师也有苦有难；也不似“春蚕”、“蜡炬”似的只是一味付出，反而得到的更多。

与其说得到，不若说是收获。在学生身上、在校园内外、在教育教学当中，我们无时无刻不在收获。那些人性至美的闪光、思考与智慧的火花、克服困难努力创新的启迪，都在促进着我们的成长。

2005年9月，我和双胞胎妹妹一同踏入了济南市南部的一座农村小学。曾无数次幻想过自己实现梦想的地方，但没有一个如现实这般令我默然无言。

崭新的教学楼依山而建，校门外有一条清澈的小河，正有许多人在河里清洗窗帘——很快我知道，那些蹲在河畔说笑着干活的人都是我的同事，他们正在为这个新建成的学校忙碌着。

走进校门，便看到校园里茂盛的草——正值九月，骄阳似火，那些半人高的草就在我眼前蔓延着。而我们很快也加入了除草的大军之中……

由于学校和家相距太远，学校附近也不通公交车，我和妹妹只能住在学校宿舍里。在学校居住的第一晚，宿舍里各种各样的飞虫就把我们惊呆了，我也第一次见到了萤火虫——与想象中闪闪发光的可爱昆虫形成巨大反差的是，真实的它们只是再普通不过、甚至有些丑陋的家伙。

就这样，我们在没有电脑、没有电视，只有几盘磁带和几本书的条件下安顿了下来。白天工作还好，但是到了晚上，整个校园只剩我们两人，常常感到寂寞与茫然。很多时候，只有八点多我们就上床睡觉了。回忆起来，真是平白糟蹋了许多时光。

弹指一挥间便是五年。初为人师的热情在日复一日劳累的教学工作中几乎消磨殆尽。我开始不停抱怨——课时太多、学生太懒、家长撒手不管、领导只看成绩……我几乎是失败的代名词，没有任何论文、没有一堂优质课、也几乎没有拿过一张证书。所有的优秀教师、优秀班主任、骨干教师的称号都与我全然无关。

不是没教出过成绩——但是想要继续带班的时候把我调到了一年级；不是没想过好好执教，但是由于搭班老师怀孕的关系，我一天往往要上六七节课，几乎被彻底压垮。

那时候，我变得很焦躁。如今细细想来，如果换了现在的我，或许会是另外一个情形，而我的班级，也该是另外一种氛围吧。

|醒|

令我转变的契机是在2010年。那年，妹妹加入了网师。她给我讲许多新教育人的事迹，买来许多书籍拉着我一起看，并极力鼓动我也加入网师。

起初我并没被说服。事实上，看到妹妹守在网上听课、抱着书本啃读、绞尽脑汁做作业的时候，我是嗤之以鼻的，我想的是，我何必要这样自讨苦吃？本来，我自己身上的重担已经够多了。

但是，当我在教学中遇到困难，在教室里频繁受挫之后，妹妹告诉我，务必要去教育在线论坛，去看看那些新教育的老师们是怎么做的。

渐渐地，我也“沦陷”了。年底的时候，我加入了网师。虽然写三千字阅读史的时候东拼西凑有点缺乏诚意的嫌疑，但我也是下定了决心的。

进入网师的最初，很有种挖了坑给自己跳的感觉。要选修课程表上的课程，要提交作业，要听课，还要写年度叙事。但当我硬着头皮做完这些的时候，却的的确确收获了不少。

《静悄悄的革命》这门课让我首次接触了“润泽的教室”这一概念。毫不夸张地说，这本书颠覆了我以往所坚持的课堂风格。

过去，我认为教师应该像主持人一样，要有激情，于是上课时总试图用“大嗓门”调控秩序。至于效果，自然不好。往往是这样，为了压制住学生的声音，我就不停提高分贝，经常有老师这样调侃我：“崔老师，你的声音太有穿透力了，我在办公室里都能听到你讲课。”

我尝试着改变。最初肯定是不成功的，我还几乎想要放弃——但我知道，凡事只有坚持到底，才可能成功。

在网师里，我还见识到了自己与那些优秀老师的差距。他们之中的很多人，课比我繁重、班里人数比我多、学生家长也诸多挑剔，但他们每天却花大量时间阅读、学习、反思，对比起他们，我实在太过惭愧了。

我学着减少抱怨，并且把学来的知识与经验运用到自己的教学中。照着网师的书单买书，把帖子里的诗摘出来分享给学生，把一些班级管理办法用在自己的班上……

第一次写年度叙事的时候，深感自己没有东西可写。再看看网师的优秀叙事，我无比内疚——自诩热爱教师这个职业的我一直以来到底都在做什么呢？

我不知道，如果我未能遇到新教育，未能遇到网师，是否会在这个岗位上无知地蹉跎下去。但是因为新教育，我感到庆幸。

因为，我已经醒来。

|行|

2012年10月，在浏览教育在线论坛的时候，偶然发现了“新教育萤火虫”的招募帖。我和妹妹一起报了名。这也成为我们教育道路上一个新的转折。

加入萤火虫之后，群里的每一次培训都令我受益匪浅，可以说，萤火虫再一次革新了我的教育理念，使我的心越来越丰满。被熏陶久了，更转换为一种力量，督促我行动、向前。

我把“点亮自己，照亮他人”这句话深深记在心里，并且决心一辈子践行。

2012年12月时，我成为新教育种子教师，加入了新教育实验项目培训群。在这个群里，有幸跟随一些令我慕名已久的老师学习。

读过童喜喜《那些新教育的花儿》后，对里面提到的敖双英老师、时朝莉老师等新教育人打心底里佩服，而在培训群里，也有幸与她们结识，跟着她们学习。她们一次次的授课令我惊叹，我反思自己、更畅想着美好的未来……

2013年春开学后，我决定要把“晨诵、午读、暮醒”重新开展并坚持下去。是啊，以前不是没有开展过，但因为种种原因，都没能坚持下来。但这一次，我决定立刻行动，不再“明日复明日”，“万事成蹉跎”。

关于晨诵的诗歌，我都是精挑细选，或者结合季节、节气、天气变化，或者根据学生所学课文内容，选取一到两首诗歌制作成精美的课件，再搭配合适的曲子，在每一个黎明和学生一起朗诵。我用的比较多的曲子有《卡农》《水边的阿狄丽娜》《致爱丽丝》等，日子长了，当音乐声响起时，学生都能准确说出音乐名称。渐渐，他们也能根据课文的情感色彩选择搭配哪首音乐，让我十分欣慰。

午读方面，我精心挑选了几本书，利用读书课和午休时间与学生们一起读，比如《爱的教育》《人鸦》《小狗钱钱》等。我们一边读一边讨论，孩子们的兴致总是高涨的，令我完全沉浸在共读的快乐中。

至于暮省，我也在探索中慢慢实践着，虽然开展得算不上精彩，却也亲眼目睹了孩子们的变化——他们在日记里表达了对书籍的喜爱、对故事的期待，并且也写自己的感悟。读和写让他们不停成长着。

2013年3月，我独自一人去了北京，参加第二届“新教育·新评价·新考试”高峰论坛，喜遇一众伙伴；2013年7月，我和妹妹连同同样是小学教师的姐姐三人一起，到了“人间天堂”杭州，参加新教育年会，带回一路的感悟；2013年8月，我和妹妹二人又到了北京，参加新教育种子教师的培训，回来后迫不及待把学到的东西用于自己的教学中……

这一年，我收获满满。

2013年9月的新学期，我的晨诵、午读课程又迈上了一个新的台阶。我和孩子们建立了更多新的“密码”，比如“跳水板”“把信送给加西亚”“做最好的自己”等；我们有了新的口号、班训和目标，重新建设了班级文化；我开始给过生日的孩子送诗，开展各式各样的活动，排练童话剧……

我知道，我的帆船，才刚刚正式起航。

网名：春衫媚　山东省济南市历城区岩棚小学

孪生姐妹新教育·成长，是一场与自己的战争

作者/第46号冬季种子 崔银萍

2005年毕业后到一所农村小学教书，到如今已经过去了八年多。我常常说，八年，抗日战争都胜利了，而我的岁月，还未取得一场大捷。

然而这八年多的时间于我，也的的确确像一场战争，在战争中我屡败屡战，虽然一次次遭逢挫折，幸而，也终究是在挫折中渐渐成长了。

|初工作："身在曹营心在汉"|

回想刚毕业那会儿，真是不堪回首啊。

或许还有很多新老师们，有着和我曾经相似的心境：刚毕业，经历了几场失败的面试，来到一所并不满意的小学代课。一边工作，一边迷茫，想着自己的未来到底在何方，想着教师这份职业会不会成为自己的终身事业，或者仅仅是一个过渡。于是，工作上漫不经心，一日一日得过且过，还对自己说，拿着这么少的工资，何必还要那么费心费力?

是啊，刚开始的时候，每月到工资卡上的工资不过三百多块而已，而家庭一向贫困的我还要继续省吃俭用，因为毕竟也算有了收入就不用再向家里要钱。

在没有考取正式编制前，我不止一次想过辞去教师的工作而去做其他“喜欢”的事情。当然，只是想想而已，我缺乏那种拼劲儿，更没有与家人抗争的勇气——是家人要求我们从事这份职业，并反复要求我们必须坚持下去。

坚持的结果是工作几年后，我终于考取了编制，成为一名正式的小学教师。然而这个时候，我也已经成为一个碌碌无为的小学教师了。

不但工作上毫无业绩可言——任何一张证书都没有，连人际关系都非常糟糕。我一直是个性格内向、不善言谈的人，还缺乏人际交往的常识，就连见面打招呼这点小事都做不好，平时和同事的交流也不多。几年后当我渐渐“活泼”起来，被同事说我给人的印象像“陶渊明”“隐士”，我才知道自己那些年多么无知。

那时候的我整日里在忙什么？我是一直生活在自己的世界中，做自己喜欢的事情——读书、写作。读书笔记抄了几本，小说写了几本，诗词也写了不少……

|走出：我庆幸，遇到新教育|

那时候，在同为老师的姐姐推荐下，我知道了教育在线论坛，起初也只是在那里随便逛逛，找些教学用的材料。渐渐地，我在论坛上读到很多老师大篇大篇的读书笔记、教学随笔……读着这些文章，我被震撼了，我这才知道自己这只井底蛙是多么肤浅。

我将许多文章复制下来读，并学着论坛上的帖子开展教学，晨诵带孩子们读诗，带孩子们读名著、写日记，和孩子们比赛背诗词、一起做摘抄……这些本就是我喜欢的东西，能将自己喜欢的东西带入教学让我特别有成就感。

我开始真正感到教学的快乐，也开始思索自己的教师之路：和孩子们一起发展共同的爱好——读书，和孩子们一起成长。

|工作几年：我感到了“恐惧”|

然而，快乐的日子不到一年。由于我没有教出成绩，被调去教别的班。这样的打击，让我消沉了一阵子，但一段时间后，我还是再开始尝试着去做这样的工作，然而，还是没出成绩，还是调班……

一直成绩不好，我也开始着急。于是向同事们请教，他们说我对孩子不够严格，孩子不怕我，所以才学不好。我渐渐转变对学生的态度，开始变得无情，还给家长打电话告状。

就这样，我制造出了“问题学生”。

是的，我几乎是突然间发现班里的一些不和谐，有几个孩子开始和我作对，故意跟我捣乱。我却没有发现这种不和谐的源头。当时的我还没意识到是自己的行为引起了个别学生的不满，而是继续用批评教育的方式试图解决问题，所以，班里的情况反而越来越糟糕了。

改写一句俗语：由严入宽易，由宽入严难。若是严格的老师变温柔，学生大概喜闻乐见，同时也不敢太过“造次”；反之，若是温和的老师突然变严厉，学生便会难以适应，甚至以极端的方式表达自己的不满。

或者，“问题学生”的出现和家庭因素、社会因素都息息相关，但我也并不想推卸自己的责任。我曾经为此而恼怒、怨恨，现在心中更多的是愧疚。

可惜当时还不懂，想要“东施效颦”镇压学生，但结果却是“两败俱伤”，班级里问题重重，领导都知道我管不住学生，找我谈话，然后我在领导面前失声痛哭。

再之后，我有两年没有担当班主任。就是那两年，我整个人都处于忧虑当中，心力交瘁，瘦了许多，白发也多了许多。

尤其，还在QQ上被学生恐吓，让我感觉到挫败和恐惧。

|走出：我庆幸，我加入网师|

我曾经抱怨，抱怨当我遇到这些挫折之时，没有得到安慰，却得到了许多的批评。

然而现在我明白，不是环境残酷，而是自己不够强大。这是在几年的沉淀后，我才渐渐领悟的道理。尤其，每每看到电视上甚至是身边的一些人、一些事，我会意识到，自己所遭遇的这些所谓“挫折”，换做别人或许只是些微不足道的小事而已。

让我走出灰暗的日子，让我决心将教师作为终身事业的，是网师（新教育实验网络师范学院）。

那时，我在教育在线论坛上看到了网师的招生公告，加入了进去。接着，就选修了《论语》课程。

那时，经常读《论语》里的句子，结合讲师的讲解，渐渐明白，人生的最高境界，是“仁”。

“仁”就是“爱人”，真正的爱没有条件。我这才想通——问题学生的出现，往往是“爱”的缺乏，是“爱”的错误表达。即便受到伤害，也不该停止去爱学生，怀着这样的心，我渐渐平息心中的负面情绪。

“仁”就是“己立立人”，是借成就别人来成就自己。老师，就是这样一个职业。看着孩子们的笑脸，想象孩子们未来成为栋梁之才，这难道不就是老师最大的成功吗？

接下来，在网师的推荐下，我陆陆续续读了许多书，看了许多经典的电影。对我而言，网师就像“心灵鸡汤”，让我一次一次经受心灵的洗礼。

《教学勇气》让我知道如何对待恐惧，建立“勇气”；《那些新教育的花儿》更让我明白，无论遇到什么样的挫折，也不能丢掉工作的激情；《街头日记》《放牛班的春天》等电影让我知道成功教师的特质是相信……

总之，是网师让我坚定了自己的理想，好好地当一名教师，不管遇到怎样的挫折，都要坚持到底。

| 工作至今：我和学校“八字不合” |

“学习”固然对我大有裨益，却也常常是另一种意义上的逃避。借着学习的幌子，我常常欺骗自己——比如我常常告诉自己，成绩不是最重要的，不能以成绩评价一个人……

是啊，一年年过去，当我的教学仍然一次次遭遇失败，我也问自己，为什么？我也明明一直在学习，一直在兢兢业业地工作着啊。除非十分必须，我没有请过半天假。每日里除了上自己的课，作为班主任还经常要上其他许多课。课余时间，也常辅导学生……

但我的教学成绩一直不理想，甚至是越来越差。面对家长的责怪，领导的批评，我常常无地自容。为此，我不止一次生出“辞职”的念头。

我会一次次反思，反思自己到底哪里做得不好。我不得不承认自己仍然有许多不足，然而，我却知道自己也是实实在在进步着的，那么，难道是我和这个学校“八字不合”吗?

否则，我如何解释自己这一年一年的“失败”呢?

|走出：摆脱世俗的“成功”与“失败”的桎梏|

偶然的机会，听到一位老师的讲座，里面提到绘本《失落的一角》。其实这个绘本早就读过，但经过老师的解读后，才领会了另一层含义。

我觉得自己真像绘本中那个缺了一角的圆，为自己的缺失而烦恼着，但是，却也在那寻找“失落的一角”的过程中收获了快乐。

故事中的圆一路遇到过很多“角”，那些不适合的最后只能丢弃。我是不是也曾经捡起了不合适的“角”，结果最后只能丢弃?

然而即便遇到了最合适的那个“角”，就真的能快乐吗?

故事中的圆，最后还是选择将这一角放下，因为他发现，寻找的过程才是他最快乐的时候。

每个人都是不同的，每个人有着各自不同的特质，教师也如此。读书让我知道，我不该耿耿于怀自己的某些缺点，而应该致力于让自己的长处更长。

因为太在意自己“缺失”的这个角，就把它看得太过重要，以为若不能填补，便整个人都是“失败”的。

其实，何为成功?何为失败?谁能给出一个完美的答案?

所以，我必须要想清楚，到底要做一个怎样的教师。

过去，我像只无头苍蝇，不知道自己的方向。但并不是有了方向就完了，你必须坚定地、大步地走下去。现在，虽然在心底渐渐形成了一个理想的模子，然而，将自己捏塑成那个样子，始终不容易。

还是要不断地战斗，与自己战斗。

身边总是有很多声音，告诉你这样对、那样不对，这时候也唯有坚持自己。

| 小结：你若盛开，清风自来 |

一个人的发展，大概有向外、向内两个方面吧。

向外来说，我觉得自己很幸运，遇到了和自己尺码相同的人，得到了很多人的帮助。向内来说，我还在继续学习，学习应该如何去做一个合格的老师。

我还会遇到诸多阻碍吧，但最大的阻碍，永远是自己。

相信自己会绽放，如同相信春一定会来，花一定会开。

网名：浅画春山　　山东省济南市历城区岩棚小学

童喜喜点评

后来，我才明白，对这个世界的期待，可能太高。所以，我当初才会说出这样的话——

真正的家庭，不仅是吃喝拉撒睡的凡俗生活之地，更是一个文化的场所。真正的家庭，不仅是休憩所，更是“加油站”。真正的家庭，不仅要强健人的体魄，更要滋养人的灵魂。真正的家庭里，有着精神的自如交流、行动的彼此配合，有经验的总结、教训的反思，也有生命的延续，将希望如火种般传递。

真正的亲情，并非血缘的简单联系，而是某种精神的共鸣与传承。真正的亲情，是一群常年厮守的人，以类似的人生观、价值观面对世界，发现并实现自我，从而产生的一种休戚与共、深刻而持久的情感。一旦拥有这种亲情，就如同人生打牢了坚实地基，其上兴建的楼宇再高，也不易坍塌。

在这样的家庭里，民族的文化才得以张扬，被时光淘洗而生生不息。在这样的生活中，美好的精神才得以活泼泼地流淌，历经岁月而源源不绝。

后来，我明白了我认为正常的美好，世界上其实很少发生。所以，我才更加珍惜眼前的美丽。

比如，这样花开并蒂、携手教育的姐妹，在漫长的岁月之后，会结出怎样的果？

那果实未必美得万众瞩目，但是我相信，却一定清爽可口。因为，苏醒的种子，有着天真的力量。

我在“新教育网络项目培训群”中成长

作者/第18号春季种子 封雪莲

在接触新教育以前，虽然深知阅读对孩子成长的重要性，但在实际工作中却做得很不理想，只是告诉孩子们读书好，要读好书，多读书，却忽略了儿童阅读也是一门学问。很多家长也头疼，觉得自己的孩子不喜欢读书。

2012年冬季，我有幸成为了新教育的冬季12号种子，走进了“新教育实验项目培训群”（升级前叫“新教育毛虫与蝴蝶培训群”）。我在这里发现了一个教育智慧的宝库，通过对新教育儿童阶梯阅读的学习和操作，我和孩子们在阅读上有了翻天覆地的改变。

加入培训群后，我接触到了各类儿童推荐书目，才明白孩子不是不爱读书，而是我们忽略了什么样的年龄应该读什么样的书。我参考了三个推荐书目，在三年级开学后，精选出67本书贴上书签，编上序号，按学号人手一本，要求孩子们每天都要带上书。这样，省去了孩子们借书和还书的时间。此外，我还叫孩子们推荐好书到班级图书角。但是班级图书角的书不能带回家。图书角除了摆放孩子们推荐的好书，我也捐赠了自己订阅的少年版《意林》《童话王国》《小葵花快乐读写》等，还摆放了孩子们自己制作的个人文集，相互传阅。

此外，我还在课堂中大量引进绘本读物。我给孩子们说，我们要少写作业多看书。所以在课前、课中、课后或者晨诵、午读时我都根据安排合理插入绘本故事，师生共读。

阅读活动不仅要交给学生读书的方法，还要培养学生积累的好习惯。我用了两种方法：一本书，一套卡，要求学生根据所读的书制作一套阅读积累卡，内容主要是书名、作者、阅读时间、好词佳句和精彩段落。一本书，一份报，阅读小报的内容和积累卡的内容一样，只是展现的形式不同。为了办报，需要教给学生办小报的方法：如何画边框、分板块、打格子……由于孩子们处于学习起步阶段，读完一本书，可以根据自己的喜好选择办一套卡或一份报。不要求两样都做。

家长监督孩子读完一本书后签字：×号（学号）已读完。有些绘本孩子喜欢多读几遍，就签字为×号已读完几遍。为了鼓励孩子们多读书，我给孩子们制定了阅读存折；存折左边记录的是班级共读书目60本的选摘（主要是班级共读绘本，也有我给他们念的故事），一学期后，根据阅读存折选出阅读之星在家长会上进行表彰。期末，除共读书目外，漂流书目最多的为28本，人均漂流阅读量在10本以上，我对漂流阅读书目达10本的同学都进行了表彰。

同时，我们的班级文化也结合阅读活动进行布置。展板上粘贴的是孩子们的阅读存折，墙上展示的是同学们办的读书小报。寒假里，我还布置了手写手绘制作个人文集的作业……

除推荐好书之外，我还给孩子们和家长推荐了电子绘本和有声绘本以及有声读物。每周末我推荐一部影片。读、看、听相结合，不仅有利于培养孩子阅读的兴趣，更增大了孩子们的阅读量。我给孩子们推荐的影片有：《绿野仙踪》《夏洛的网》《查理与巧克力工厂》《了不起的狐狸爸爸》《穿靴子的猫》等。

当然，在活动的开展中，我也遇到诸如阅读的效果不能及时检测和反馈的问题；阅读量不均衡，存在两极分化的问题；如何切实有效地开展好共读一本书的活动等问题和困惑。这些都有待于继续探索和解决。

新教育种子计划引领我走进新教育，新教育实验项目培训群带领我走在教育路上，让我感受到一种全新的教育生活，而我自己由此获得的成长也是可喜的：2013年5月，我执教的课例《女娲补天》在成都市第十届小学语文青年教师阅读教学赛课活动中荣获特等奖。2013年11月，我在成都参加了“阅读的力量——新教育国际高峰论坛”。2013年12月，在金堂县新教育开放周活动中，我展示的硬笔书法课例《辨析形近字》和教学叙事受到与会老师的一致好评。我的教学设计《风》和教学叙事《在课程分享中点亮自己，照亮他人》先后在金堂《时代教育》杂志上刊登。由此，我被评为金堂县2013年度新教育实验先进个人。

2014年2月27日，新教育基金会推荐的泸州叙永县永宁读书会来到我县交流学习新教育，我在活动中和他们分享交流了我开展的阅读漂流活动，3月11日，在金堂县教培中心开展的儿童阅读培训活动上我介绍了自己的推动阅读经验。3月25日，在成都市小学群文阅读教学专题研讨活动中，我执教的课例《开卷有益》也受到与会专家领导和老师们的一致好评。在金堂县2013~2014学年度的课外阅读展评活动中，我所在的班级荣获了金堂县课外阅读展评活动一等奖……

这些成绩的取得都得益于我在新教育项目培训群中不断地吸取养料，不断地成长。在群里，我不仅接触了诸如阅读存折、儿童剧编排、学生思维导图、绘本阅读、写绘增香等新名词，还有机会零距离地与新教育榜样教师直接对话，探讨课程，分享他们的课程具体操作方法，这些引领可以使自己少走好多弯路。

经过一年多的学习，我和孩子们都得到了成长，也收获颇多。如今，我已升级为春季种子。以后的日子，我始终相信“一个人也许会走得很快，但只有一群人在一起才能走得更远”。我期待着自己破茧成蝶的那一天……

网名：妮子　　四川省成都市金堂县赵镇第一小学

童喜喜点评

我常常发现，越是美好的人，越不知道自己的美好。正是这样，那些从教育一线之中生长出的智慧，通常情况下，会被四周忽视，最后被自己埋藏。

有许多身在一线、朴素平实的老师们，他们在教育教学中时常灵光一现，想出了最切合实际的妙招，解决了困扰已久的问题。

但这些智慧，首先，会被周围的人忽视——因为我们习惯了外来的和尚好念经，距离产生美的才被我们尊为专家。其次，这些老师们自己会反问：这有价值吗？不，这只是小儿科。老师们自问自答着，最后，时光就会将这些智慧埋藏起来。

新教育项目培训群，就是为新教育一线教师、榜样教师搭建这样一个展示的舞台、交流的平台。

这是一个没有英雄的时代。因此，才是人人都可以有所担当，承担责任，成为自我，成为英雄的时代。

这是一个缺乏榜样的时代。因此，更是人人可以绽放自我的闪光点，从而在这一点上成为他人榜样的时代。

这，才是一群人之所以能够走得更远的谜底。

认认真真才值得

作者/第22号春季种子 李海洋

2012年夏天，我被绛县教育局委派到北京新教育实验学校，担任了一年的访问老师，成为萤火虫教室的班主任。离开熟悉的家乡，走进陌生的城市，短短一年，留下了许多难忘的经历。

先说一说我印象最深刻的3月12日的植树节领养花草活动。

由于各方面的原因，植树节这一天孩子们不能参加植树活动，我就带领班里的孩子举行了认养花草的仪式。

周末，我和家委会的财务委员去花卉市场买了20多盆花卉。

周一早上到校后，孩子们发现教室里多出二十来盆花草，下课后纷纷来观赏，此时孩子们还不知道我准备这些花的意图，只是为自己教室增添了这么多花草而高兴。

周二的班会课上，我向孩子们简单介绍了植树节的由来，并告诉孩子们以后我们教室的这些花草就交给他们负责了，两人领养一盆，可以给它取一个独特的名字，做一个小标签贴在花盆上。从此它就属于孩子们了，就像小王子和他的那朵玫瑰一样建立养护的关系。至于花的习性可以请教老师或父母，并叮嘱他们一定要学会照顾自己的花草。

教室里有两盆兰草花在周末买来时还只是花骨朵，周二这天竟然开出第一朵花来，孩子们兴奋得不得了。接下来的日子，孩子们劲头可大了，从家里拿来小喷壶，没事就给花喷喷水。

通过此次领养花草活动，孩子们懂得了如何去爱，身上多了一份责任感。

除此之外，无论是三八妇女节制作康乃馨献给妈妈，还是“鸡蛋壳废物利用”，手巧才会心灵，这些手工小制作，深受大家喜欢。尤其是后者，要求孩子们先在蛋壳上绘出自己喜欢的图案或写上自己名字，接着在蛋壳里放五分之二的土，把提前泡好的种子放进去，再放五分之二的土就大功告成了。孩子们看着自己的劳动成果，满意地笑了。放学后，很多父母在QQ群和我聊到此事，都表示大力支持。

家校交流会，则更是群情踊跃。我通过“回顾”环节让父母看看在假期中一些优秀父母的做法，由于父母的付出，孩子取得了怎样的成绩；通过“展望”环节让无论是父母还是孩子对我们都充满期待；通过“好孩子和好父母”标准的讨论让大家做事时要遵守一定的规则，做到“我“选择，“我”负责……亲子活动环节孩子和父母十指紧扣，对视一分钟后互相承诺，有的父母把孩子紧紧搂在怀里，有的眼里闪着泪光。家委会成员作述职报告时，委员长呼吁所有父母能理解老师的辛苦，倡导大家积极配合老师，财务委员公布了班级捐款开支情况，游戏委员把这学期的安排介绍得相当详细，他们都是那样真挚坦诚。

频繁的交流，打破了人与人之间的阻碍。父母们、孩子们和我一起走过了那一段旅程，见证过那一个时刻，创造过新的美好。回忆那段时间，过得很平淡，每天只是默默做着自己该做的事情，看着孩子们慢慢地变化，我感到所有的付出，只有两个字：值得。

网名：蓝色海洋　　山西绛县安峪小学

童喜喜点评

有个记性不好的糊涂捕快，押送一个犯罪的和尚。每天早晨，捕快都要自言自语地把重要物品全部清点一遍。摸摸包袱，说“包袱在”，摸摸官府文书，说“文书在”，摸摸和尚的光头和身上的绳子，又说“和尚在”，最后摸摸自己的脑袋，说：“我也在。”

有天晚上，捕快喝多了。和尚借机把捕快的头发剃得干干净净，又解下自己身上的绳子捆住捕快，赶紧逃跑了。捕快酒醒后，开始例行公事，“包袱在。”“文书在。”“和尚……咦，和尚呢？”捕快吃了一惊，再一看镜子，又高兴起来，摸了摸自己的光头和身上系的绳子：“嗯，和尚在。”

最后，捕快迷惑不解了：“和尚还在，我却不见了。”

新教育常用“编织”一词，形容教师、学生、知识之间的关系。而教师身在其中，却常常像笑话里讲的那样，知识、学生都在，“我却不见了”。

把知识编织进学生的生命中，却忘记把自己编织进去。教师从教育教学中接受不断的挑战，而不能从中自得其乐，这样的日子很难长久坚持。

教育生活也和其他生活一样，有起伏，有喜悲。好在如索达吉堪布说的那样：“一旦认识到自己的心散乱了、迷失了，就在这一刻，心已经回来了。”

称号的召唤

作者/第32号春季种子 苏天平

|一、点燃梦想|

曾经看过干国祥老师、马玲老师的书，对新教育产生了很美好的印象。2013年年初，我知道了“新教育毛虫与蝴蝶培训群”的群号，直觉告诉我，这是和新教育直接接触的好机会。

我迅速加了群。这里不但有很多优秀的新教育教师，还有很多优秀的语文课程资源，我在学习中不断地从这些优秀的语文教师身上获得了做优秀教师的激情。

在群里，几乎每天都有语文老师在做分享，我还从来没有加入过这种疯狂的群，只要一开QQ，这个群里就会跳出几百条信息，比我的其他任何群都热闹多了。而且我无法做到完全旁观，因为不久后就布置了作业，群里的教师必须交，否则有被踢出的危险。我不想离开这个优秀的群，于是我格外关注作业，只要收到作业信息，我就做。

在做作业的过程中，我发现自己的思想开始起了一定的变化，对“新教育”有了思考：新教育不是只针对语文学科，也在召唤其他学科的老师走进自己的“完美教室”，在点亮自己的同时，点亮学生，数学教学也可以像语文学科那样，开发出优秀的课程，学生书本上的数学知识仅仅是数学的一部分，有许多优秀的数学科普读物也能为我们打开更宽广的数学学习大门，把这些好的数学课程带给学生，会让学生受益匪浅。

我正在教低年级数学，对于低年级孩子来说，有没有适合他们看的数学绘本呢？我开始寻找并且购买数学绘本，将它带给我的孩子和我两个班上的学生。

一段时间的共读后，不仅我6岁的孩子对数学产生了强烈的好感，说出了“我爱数学”的话，我的学生也特别期待每周的数学活动课上我和他们共读数学绘本，就连父母们也逐渐知道了有趣的数学读物，开始和孩子一起阅读。班里有好几个孩子，在幼儿园学习了数学，但是过早的学习符号化的数学，让孩子吃不消，反而对数学产生了不好的印象。在亲子共读数学绘本的过程中，一个小女孩的妈妈告诉我，孩子对她说，“我的数学学不好，是因为没有数学绘本”，在她买了数学绘本后，她的数学学习真的进步了。我知道，数学绘本只是一粒火种，是它让孩子发现了数学的趣味，产生了学习的动力。

默默探索着，自得其乐，一天，我突然接到群里粉红毛虫中队队长请我做分享的邀请。我诚惶诚恐，既激动又害怕，在队长的鼓励下，顺利完成了“数学课外读物的共读与思考”。期末时，我的这份同题的群作业又被评为优秀。8月23日，我又到北京新教育实验学校参加了为期3天的种子教师培训的通知……当时我刚写完种子教师的申请书，就接到这样天大的好消息，真是不敢相信这是真的。我短信问花王是不是弄错了？花王告诉我：“从教师地域分布情况和学科方面考虑，你被破格入选为种子教师，对你寄予了很大的希望呀！”不自信的我，对自己充满了信心。我下定决心，将数学课外阅读的课程开发到底，低年级先将数学绘本教学做好，中高年级再慢慢开发其他数学课程。

北京的培训对我触动很大。曾经只在网络上见到喜喜、花王、蓝玫、莞尔、小风、水心、飓风、栎柯……全都真实地来到我的面前，如此亲切！榜样教师们为我们诠释完整、幸福的教育生活，他们深深地感染了我。我也希望，让学生们成为我今生最美的相遇，点亮自己，照亮他人，幸福快乐你、我、他。

|二、全力追逐|

从朝阳带着满满的冲劲和信心，掩盖了我自身的浅薄、惶恐。我承担了新教育项目群数学中队队长的工作，并且申报了网师的学习。

每周一晚上是数学中队固定分享交流的时间，我要调动群中的数学老师共同参与学习，要寻找联系群中的数学教师分享关于数学教学的方方面面，在分享交流中，促进数学教学的进步。

要分享的教师都和我第一次一样，不知道分享什么，开始都不敢承担分享任务。我也像当初队长鼓励我那样，鼓励他们，最终战胜自己，在分享中成长。

数学中队还没有形成自己独特的课程，还远远低于语文中队开发课程的能力，我为自己鼓劲：不要急，慢慢来，先让活动开展起来。

因为奇迹、灯花、心静、香水和我的共同坚持和努力，我们成功开展了一个学期“二年级数学绘本共读分享交流活动”，并且留下了宝贵的群记录资料。在一个学期的摸爬滚打中，我们总结了很多关于数学绘本共读的经验，发现了更多适合小学生共读的数学绘本，不仅有适合低年级的数学绘本，还有适合高年级的数学绘本，我们扫描和收集了关于数学绘本的150本电子绘本，为各位数学教师平时在课堂中方便地进行数学绘本共读打下“物质”基础。

有了明确的目标和丰富的资源，在“新教育实验项目培训群”中，一、二、三年级的数学绘本共读研究小组同时启动，三个年级轮流，每周一次的“数学绘本解读分享”开展起来。借助“萤火虫网络教室”的契机，每周一个数学绘本课的讲师分享自己所上数学绘本的解读，我们的数学课程研讨工作有了新局面。

|三、十字路口|

然而，工作顺利开展，我也不断地接到家里人的“报警”：忙于新教育工作，我上网的时间不断增加，几乎每天晚上都在电脑前，时常连早晨起床都在网上忙碌。家里的很多事情，包括陪孩子玩、讲故事都落在老公身上，甚至该到吃饭时，叫我吃饭都要叫N次。每一个人都受不了我，说我中邪了，“不要上网了”成了他们的口头禅。我也尽量克制，我也发现自己在电脑上的时间太多了，连看书学习的时间也被压缩了！但是，除了早晨固定为读书时间之外，到了晚上，周日二年级分享、周一项目群研讨、周二网师学习、周三三年级分享、周五YY语音课堂主持与评课、周六一年级分享……每晚我都不忍心离开网上的工作，相信坚持会创造奇迹。

2014年3月19日，一个春光明媚的日子，对我们家来说却是个阴霾突起的日子。同是教师的爱人在上班期间突然胸口剧痛难忍，后经诊断为主动脉夹层破裂。面对这突如其来的残忍结果，作为妻子的我，心急如焚，手足无措。病危，马上转院！筹集高昂的手术款！确定手术方案！寻找血源、血小板！开胸手术历经10小时！重症监护室8天8夜！平安度过危险期！终于出院！可以回家静养了，医生说要半年的时间，需要我精心照顾……

我的生活因此有了180度的大转变，所有的工作在心痛中都停止了！

花王、奇迹、灯花、昕仔……这些老师得知我的情况，不仅给我很多关心、鼓励和帮助，还在百忙之中接手了我留下的工作，给了我最大的支持。

“将来你爱人好不好和你照顾得怎么样有关”，前人的忠告在我耳边回响！我突然要在梦想和家庭之间做出选择……学习医疗知识，长期照顾好丈夫，这是我无法回避的义务和责任。我后悔自己对爱人关注太少，造成他大难临头。我需要时间来调整自己，需要找到平衡点。

我经历了这次灾难，却仍然记得我是一名种子教师，记得自己成长的梦想被点燃的过程，记得花王对我的期待。我认为，“种子”是蕴含无限力量的一个词，“种子教师”是一个激发教师努力“点亮自己，照亮他人”的称号，是“努力向前、寻找幸福、完善自我、达到卓越”的召唤。相信在不久的将来，我会调整好自己的状态，计划好时间，做到家庭和教学两不误。因为，我是新教育种子教师。

网名：清新天空　　新疆维吾尔自治区奎屯市第一小学

童喜喜点评

称谓，其实平平无奇。所有称谓，都只是符号的一种。

称谓，其实异常纯净。所有称谓，都在等待人们用行动赋予其意义。

两者之间的区别，或许仅仅在于我们投入的情感。被漠视的称谓，就是前者，无法在心之海洋上激荡起一丝涟漪。被重视的称谓，就是后者，当重视到了极致，意义灌注到圆满，我们甚至会将那极为珍爱的符号，取了另一个名称：图腾。

对“教师”这个称谓而言，更是如此。“种子教师”，自然也不例外。

所以真正的召唤，其实永远不会由外在发出。真正的召唤，永远来自心灵深处。是心灵深处不敢沉沦不愿湮灭的呐喊，在现实世界里发出回响。

那么，如果现实世界里传出刺痛人心的杂音，又有何惧？心里的声音再微弱，也会在悠悠回响。而这柔弱而柔韧的声音，或许会是一个团队的合唱之中最令人心折的声音，或许成为一种所谓的召唤，与另一颗心发生共鸣……

我的朝圣之旅

作者/第80号冬季种子 司湘云

如果把新教育比作一段朝圣的旅程，那么，我的朝圣之旅是从何时开始的呢？写下题目之后，我扪心自问。

应该是从六年前开始吧？

那时进行师生共写随笔，我应学校的推荐参加这一课程，算是初识。

接着来到东环路小学这个大家庭，聆听朱永新老师、干国祥老师等人的讲座，拜读朱老师、马玲老师、薛瑞萍老师的著作，到濮阳油田一小参观，这些算是初交。

后来，在校长和主任的带领下，我们开始《农历的天空下》课程，开始晨诵、午读算是相知。

这样说来，我和新教育应该算是“老朋友”了。

可是自从参加了新教育种子计划之后，从完成上级要求到积极自觉主动，我似乎和以前有了很多不同。越来越觉得新教育深不可测，也越来越不敢妄论，自己需要学习探索的东西很多很多，我的朝圣之旅只是刚刚开始，我和新教育也只能算是“相识时间比较长的新朋友”。

|邂逅|

有时候回想起来，总有种错觉，仿佛自己的教育生涯是从有了儿子之后、重新接手现在这个班才算渐渐开始的。2011年8月，接手新一年级，我的压力非常大，因为简单的一年级其实不简单，就好比一张白纸摆在你的面前，等着你去描绘，你要想在纸上画出一幅美丽的图画，你的每一笔都非常重要，起笔更为重要。从迈入校门的那一天起，我和我们班孩子们的生活中就没有离开过“新教育”：每一个清晨，我们用诗歌开启黎明；每一个午后，我们徜徉在绘本的世界；每一个月份，我们围绕着一个主题进行每月一事、每月一赛；每一个月底的周三，我们陶醉在电影的世界。

三年来，我和孩子们跟随校本课程《悦纳生命的吟唱》走过了《入学教育》《让我们全都喜欢》《走进美好的大自然》《我和冬天有个约会》《走进春天》《童趣》《好孩子、好品质》《夏天的诗》等几十个主题的晨诵。每一次晨诵我都精心准备，制作课件，让孩子们融入诗歌，喜欢上诗歌，开启生命的黎明。

在共读上，班里的每一个孩子都参加了读书漂流俱乐部，每周一本绘本、每周一次读写绘。可是爱故事是孩子的天性啊，一周一次的绘本哪里够呢？无意中我发现了中国儿童资源网，于是我们利用班班通，每天共读共听一个绘本。

不过，在做这些事情时，大部分原因应该算是本着做一个合格的语文老师不给孩子留遗憾，本着一个合格的员工尽职完成学校安排的任务。2012年冬，当校主任找到我询问是否愿意参加新教育的种子教师，我犹豫过，却最终被“新父母研究所”这个名词深深吸引。

那时刚刚有了儿子，母爱促使我想要把世界上一切美好的事物统统给他，想要把自己全副武装成“超级妈妈”，用最好的教育培养他。同时，作为一名参加工作近十年的班主任，我也深深感到我们的工作不仅仅是培养孩子，更重要的还有影响父母们，只有学生父母在教育理念上能够跟进，我们的工作才能更好更高效地进行。

| 迸发 |

尽管自己听命于学校安排也多多少少参与了几年新教育的活动，可在刚刚加入种子教师队伍的时候，仍然深深地感受到自己完全就是一个新手，仿佛前面几年的时光和新教育完全没有过交集，整个人变得一片茫然：什么都是新鲜的，什么都是奇特的，什么都想学习，什么都想尝试……一项又一项作业，一次又一次的阅读叙事让我看到自己的不足，一周两次的培训和分享让我看到一片更为广袤的世界。如同刚刚从卵变化成的小毛虫，看到什么都觉得很好，都想着吃到肚子里。

那时的我，总是看到谁的方法好就想着能否在班里尝试，看到哪位前辈有什么好东西就想着向他请教；我召开家长会、建立班级委员会，并在家长们的支持下构建班级书架；我和孩子们将阅读与写作变成日常生活的一部分；我仿照群里老师的班级管理方案进行学生自我管理尝试；我坚持每月一次给家长写一封信；我请教永爱之秋、栎柯老师开展暑期共读《三字经》活动；我受困于没有随时记录资料，开始养成随手积累的习惯……

渐渐地我的阅读叙事和作业从硬着头皮码字到洋洋洒洒十来页，各项工作也从迷茫不知所以到渐渐清晰。我曾在月度叙事里这样形容自己：“我站在人生的十字路口，新教育的圣殿在向我招手，曾经以为它离我很近，现在又时常感到飘渺；我终于来到新教育的路口，看到前行的人们也看到身旁，微弱的光芒已足够照亮征程，迷雾中指引我前进的方向。”

就在夏季提交种子晋级申请的时候，我满怀希望，以为晋级应该不是什么问题，最终却以失败告终。奇怪的是当时我并没有什么挫折感，满脑子却在担心是否会被清理出这个团队，这样我就再也不能在这个群里学习请教了。

这时的新教育就像一本刚刚翻开的书，当你深深被其中的情节所吸引时却突然消失了，只剩下满心满脑的惦记。当然新教育是不会拒绝任何一个热爱它的人的。

| 坚持 |

新学期开始，种子教师的各项活动日益增多，我也仿佛重获了新生，更加疯狂地吸食着群里的一切琼浆，消化、吸收。

令人欣喜的是，我和孩子们通过整整一年的努力，晨诵、午读、每月一事和特色活动等积分遥遥领先，荣获学校“书香班级”的称号，并获得了一笔班级共读基金。作为我市的校园记者班，我们共读共写着多彩的生活，半年来见报文章多达五十多篇，遥遥领先于其他班级。最重要的是，新教育已经深深扎根于我们的日常生活，孩子们的童年变得多姿多彩起来。

新的一年新的征程，经推荐，我负责新学期三年级项目群的日常工作，和畅想老师配合进行主持和记录。为了使更多的像我一样渴望吸食琼浆的同行者在这个平台受益，我分批次一个挨一个向群里的老师们提出分享请求。

应该说，群里的老师在学校应该都是佼佼者，大家的工作都挺忙的，尽管如此，仍然有老师愿意挤出时间分享自己的经验和做法。在我们的共同努力下，三年级群成为大家学习和交流的平台，三年级群的活动被大家殷殷期盼着。特别是急浪堆雪老师在每月月底分享的《如何成为高效能的老师》更是引起了整个项目群的关注。

可以说，在这个群体里，你想获得什么帮助，总有人愿意伸出援手，你想要进行什么尝试，总有人愿意支持你甚至与你合作，同行者相互扶持的力量促使我们不断向远方走着。

我始终惦记于心的就是“新父母研究所”和“萤火虫亲子共读”活动了。我越来越强烈地意识到：一个人的努力不如带动整个班的父母和孩子们一起努力，一个班级的努力不如带动一个群体的努力。当初的我，想的是从新教育吸取教育自己孩子和自己班孩子的能量。现在的我希望自己就是萤火虫，用微弱的光去照亮更多的父母前进的方向。

2013年初，我申请萤火虫义工，顺利成为其中的一员。在焦作分站，我负责制作每期的海报和进行部分分享活动，工作上已渐渐上手。几项任务加在一起，日子自然变得匆忙又匆忙，可干着自己喜欢的事情，并未感到一丝的劳累。在这个群里，我看到有那么多热衷于公益、推崇儿童阅读的同行者，我们一起进行的共读，促使我不断地向书本汲取营养；看到大家坚持给孩子记录成长日志，促使我也去记录儿子成长过程中一个个瞬间；参与线下活动的策划，我觉得浑身充满了力量；在家里，四岁的儿子，读书是每晚的必修课，如同吃饭睡觉一样不可或缺，新书是最好的礼物，讲故事变成了最开心的游戏，连同爸爸也能够认同，在我加班工作的时候变身替补队员，陪着儿子进行共读。

记得在一次萤火虫焦作分站组织线下活动时，我带动班里的一个孩子家长参与其中，她问我：你每天那么忙，还有时间做义工、参与活动吗?

我开心地笑了。

在内心中，我从萤火虫焦作分站里获得的，要远远超出我所付出的；我从新教育里受益的，也远远超出我所期望的。时间就像海绵里的水，被我一点一点地挤着，紧张却未感匆忙。因为，人们做喜爱的事情，总是有时间的。如果把新教育比作一个姑娘，我愿意做一个爱慕者紧紧追随身旁，不去渴求她能扭转身时看到我爱慕的眼神，只望能随时留恋并不算远的身影。如同余秋雨所说：你的过去我来不及参与，你的未来我奉陪到底。

网名：巨蟹家的猫　　河南省焦作市山阳区东环路小学

童喜喜点评

邂逅，是一个特别美丽的词。

邂逅意味着之前曾经相识，彼此却未相知。但是，通过一段时空的阻隔，再一次的相遇，就成为邂逅，就会从距离中开始重新审视，而新的视角又会产生全新的发现。

所以，人们常说“世界上不是缺少美，而是缺少发现美的眼睛”，甚至有人说：学生准备好了，老师就出现了。

或许对于成年人来说，果真如此：利用自己人生的转折点，无论是为人父母，还是大喜大悲，甚至一场大病，重新审视周遭的世界，或许，会从中有着全新的收获。

朝圣，其实也是一次邂逅吧！那是最美的邂逅。

所谓最美的邂逅，就是在这尘世的漫天风沙里，穿越重峦叠嶂，和心灵深处那个更好的自我，重新相遇。

信息技术里的幸福完整生活

作者/第27号春季种子 邱玉东

20世纪70年代，我出生于苏中一个普通的生产队，父亲是60年代的大学生，母亲只是断断续续上到小学二年级。父母间巨大的文化差异，使家庭成员沟通困难。我童年（小学）沉默寡言，少年（初中）自卑少言，青年（高中、大学）浮躁不安，或是与此有分不清的关系。大一班主任说：三泰地区的学子高分低能者多，说明学校教育促进人成长有限！毕业后，我教数学5年，教务1年，电教10年，随赛课老师走了不少地方，观摹了大量赛课实况，却始终不能解决我自己的教学问题：信息课堂混乱、设备损坏严重、卫生一塌糊涂。

2001年，国家新一轮课程改革开始，我带着改善课堂的强烈愿望阅读了“新课程改革培训丛书”。或许是我基础知识太过薄弱，这一段时间的学习和实践几乎没有任何效果。我试着从“信息技术教育”杂志寻求答案，在论坛和QQ群与各地老师交流，学到了一些硬件管理方法，机房“脏乱坏”的痼疾未能解决。2012年2月16日我在互联网“偶遇”新教育实验官方网站——教育在线，在三次修改个人阅读史之后，被新教育网络师范学院（简称“网师”）吸纳，成为一名网师学员。从这里，我开始走上了一条不同的路。

在网师共同体学习一年，我掌握了“把内容与自身联系”的阅读方法，磨掉了一些为人处世的顾虑，变成一个日益自信、敢于表达的人。我试着对照“静悄悄的革命”课程的要求，创建“润泽的信息技术教室”，在教室里营造平等、友爱、尊重、互助、放松的家一般的氛围，尽一切可能避免让孩子们紧张的任何行为，用“希望孩子们好”的真爱，温暖孩子们的心，师生关系大为改善，课堂纪律好转，破坏设备和乱扔垃圾的现象大为减少，教育教学管理渐见成效。

这样的改变绝不是自然而然发生的，它首先来源于网师给我个人带来的改变。一年的学习中，大量的童书阅读，引起我对人生的反思与回顾：《一百条裙子》再现了我少年求学期的种种不安；《木偶奇遇记》《苹果树上的外婆》《绿野仙踪》抚慰了我童年生活中的失落；《伊索寓言》《世界经典寓言故事印度卷》《中国寓言》帮我反思个人的人格特征和为人处世方式；《时代广场的蟋蟀》引导我回望近期生活景况；《特别的女生萨哈拉》《彼得潘》，教会我面对调皮孩子的技巧，增加了我与“捣蛋鬼”相处的信心；《王尔德童话》助我梳理爱情观，树立生命价值观；《安房直子童话：长长的灰裙》

告诉我，浪漫想象有助于消除心理阴影；《白公鹅》令我看到人生百态；《安房直子童话：银孔雀》启发我，新教育之路没有终点，需要一生的求索；任何一个人，唯有活出真正的自己，才可能远离平庸，走向卓越……

就这样，教师的自我改变了，教室的氛围改变了，信息技术课堂开始渐渐改变了。

我在新教育的路上越走越远，2012年12月20日，幸运地与“新教育种子教师项目”结缘，成为一名冬季种子教师。从这个团队中，我有机会接触到新教育课程实践的方方面面，开始摸索着解决课堂问题的真正症结：电脑使用习惯与信息技术课程之间的矛盾。

或许是社会和家庭使用电脑的方式影响了孩子们的习惯，他们打开电脑后首先想到的是“玩游戏、看视频、QQ聊天以及无目的地浏览互联网”，对电脑的看法也仅停留在这个层面上，这直接导致他们上信息技术课时心挂“娱乐”，无法专心学习信息技术课程内容。

“新教育种子教师项目”建立了“以先行者引领成长”的教师成长模式，着重于在个人学习和实践的基础上，用新教育先行者的行动示范引领种子们快速成长。这个群体的口号是“点亮自己，照亮他人”。成为种子教师后，我积极参加了“新教育种子教师项目”组织的网上培训。这样的培训，每一次都是富有成效的。“缔造完美教室”的培训，让我看到了完全不同于传统教育的校园生态，培训作业修改后作为“完美教室”课程的过关作业，被评为良（优秀空缺）。“学校集体活动仪式”的培训，让我看到了仪式对生命刻写的重要性！适时合理的仪式，可提高课程的庄重感，使看似平凡的日常教育活动变得深入人心。“整本书共读”的培训告诉我：特定的新教育书籍，能够丰富孩子们的生命，催生多彩的生命花朵。与孩子单独一个人阅读一本书相比，师生、亲子共读长篇童书，不仅可以融洽师生、亲子关系，更能极大促进孩子们精神的成长与成熟。“卓越课程”培训，使我对课程有了新的认识："我们真正要关注的，不是一堂课，而是整个课程。课程，就是我们穿越的这段旅程中的全部：意愿、计划、资源、行动、反思、建构下的经验。课程就是'道'，就是被我们用脚走出来的道路。课程，就是通过这条路，走到道路终端的那个人。他就是我们思考的这个课程。"

我明白了：对没有"走过"信息技术课程的孩子而言，再好的内容也等于零。怎么把孩子们的注意点从游戏、视频、聊天等拉到信息技术课程内容上来？说教没有用，监视也不可能时时关注到每一个孩子。我持续留意种子教师们新教育实践的分享，注意到了阅读课程对孩子们成长的重大作用。为去除长年累月烙刻在孩子们心灵上的"污迹"，帮孩子们净化心灵、心无旁骛地投入信息技术课程的学习，我开始带着孩子们用电脑共读《苏菲的杰作》《花婆婆》《犟龟》等世界名篇。

我自己也深深地被这些小书所感染，孩子们在我充满激情地引导下，被故事深深地打动。一节节的阅读课下来，孩子们慢慢从应试教育的藩篱中苏醒，从"唯成绩论"的舆论氛围中解脱，桀骜不驯的性情有所变化，愿意合作的孩子越来越多。为了让孩子们感受校园教育生活的美好，读完三本书后，我选择在信息技术课前五至十分钟内，和孩子们一起诵读狄金森诗歌。一次次诵读开启了孩子们沉睡的生命，他们的心态日益开放，开始以新奇的目光审视信息技术课程，开始以探索者的姿态，潜心学习信息技术课程。孩子们终于在没有强迫、没有威吓、没有吼叫的情况下，怀着友好、热爱的心情感受信息技术的魅力！

我一直期盼的现象出现了：孩子们饱含欣赏美、创作美、感恩等情感，全心投入信息技术学习，再没有一个人去破坏机房设备！信息技术课程参与度、作业质量都有了大幅度的提高。依靠师生共读，激发生命活力，我终于找到了激发美好情感、避免"高分低能"的方法，解决了二十年前大一班主任给出的难题，向解决机房"脏、乱、坏"迈出了极其重要的一步……

好景不长。到了初二下学期，应试教育空前紧张，孩子们受到更多来自成绩方面的“挤压”，开始变回未经阅读熏陶的状态，不仅漫不经心，而且死气沉沉。恰好当时我带着孩子们诵读的是《三字经》，或许是它带有少许说教的成分，难以撼动孩子们被成绩弄得有些冷漠的心。想到孩子们正处于人生观、世界观形成的重要时期，我试着用《我等待》《写给孩子的哲学启蒙（橙色卷）》《失落的一角》等与人生（生命）有关的书，引导孩子们思考“人到底为什么活着”这样的人生重大问题。

在学校领导的支持下，我购买了《夏洛的网》《时代广场的蟋蟀》在信息课上给孩子们隔周阅读。习惯于“读记背默”读书的孩子们，还不懂得怎样阅读伟大感人的著作。过去面对此情我或许会束手无策，但现在我知道该怎么做了。我告诉那些未投入阅读的孩子：真正的阅读不是读文本，看情节，真正的阅读，读的是感情！阅读时要把自己放入书中，投入真挚的感情体验书中“温馨、热烈、失落、沮丧”等情感，与作者和角色对话。

为让考试成绩不好的孩子也能专心于阅读，我要求孩子们放下所有的包袱，这里没有成绩好坏之分，没有“好孩子坏孩子”的分别，只有“是否认真阅读的孩子”。凡是认真阅读的都是好孩子。

在这样的疏导下，孩子们慢慢地沉入阅读的美妙境界，开始享受阅读的乐趣。而我也再一次发现了投入阅读的孩子的美好。他们那样的纯洁，冷漠、自私这类词再也不能适用在他们身上。

2013年8月20日，我荣幸地从“冬季种子”升级为“春季种子”，被安排到北京新教育实验学校参加免费培训。飓风、小风、水心、莞尔老师的辉煌业绩，触发了我在教室持续不断地践行新教育思想的愿望。新学期来临，我按照“新教育种子教师项目”的要求每月书写月度叙事，像翻阅“病历”一样回顾某一位孩子、某一个班级的成长轨迹，一次次完成从实践到理论的提炼，经历从“懵懂的实践者”到“理性的思考者”的蜕变。每次阅读教室叙事看着孩子们成长的故事，回想起信息技术课堂的发展变化，我都油然而生发自内心的快乐和欣慰。

莞尔（赵素香）老师在“春季种子教师”北京培训班上告诉我们：在新教育的班级里，家长被学校和班级引领，组织成一个有强大战斗力的团体，收费买书、搞活动、童话剧演出服装道具等，全由家长委员会一手操办。受此启发，我依托“新教育萤火虫”家长培训项目，建立了“家庭教育·新概念”QQ群，本意是向家长传递先进家教理念，但首先收获的却是我自己的成长：转播每周三举办的“新教育萤火虫新父母讲座”和新父母研究所每周一至周五的“新父母晨诵”，我极自然地认真阅读每一次讲座和晨诵，学到了数不清的优秀家教经验，认识到“良好的家庭关系是一切家庭教育的前提”。从这里我开始关注起自己与家人相处的方式，调整对家人的态度，团结全家每一个人，一起创设良好的家庭氛围，家庭关系日渐和谐，家庭的幸福感倍增。

2013年11月，在种子计划项目组的安排下，我参加了在成都举行的“阅读的力量——第三届新教育国际研讨会”，聆听了国际同行和新教育的榜样们有关阅读的理论和实践的分享，深刻认识到了阅读对师生成长的重大作用。我被济济一堂的新教育阅读者的成长经历感染，回到学校即向领导介绍新教育的美好。在汇报时，我向领导推荐了几本与新教育有关的书籍，《中国新教育》《育人三部曲》等，不知不觉间，我打开了一扇与校领导沟通的新大门……

回望走进新教育的一路，加入“新教育网络师范学院”和“新教育种子教师”两个学习和实践的团体，这看似懵懂的决定，其实是我人生的重大选择。它不仅解决了教育工作中困惑我这么多年的“素质养成”问题，让我在教育生活中做得从容不迫得心应手，还改变了我的人生轨迹，让我与家人、亲朋相处更加融洽。我想我可以说：我正在过着一种幸福完整的生活。

网名：善待人生　　江苏省泰兴市西城初级中学

童喜喜点评

今天的新教育基金会理事长、翔宇教育集团总校长卢志文老师，年轻时是一名深受学生喜爱的化学老师。他说的一句话，我特别喜欢——他一直说“我用化学教学生”，而不说“我教学生学化学”。

这两句话的差别，就是“育人”和“教书”的区别。

后者，面对着活泼泼的学生，传授着教科书上的知识。哪怕超越，也只是挖掘教科书的深度、拓展教科书的广度，是授之以鱼，充其量只是让传授的知识更加丰富而已。

前者，当然也必须传授知识。但是，其根本目的在于通过这个过程，传授如何探索、如何学习的技巧，乃至如何热爱知识、热爱生活、热爱世界。这样的传授，是授之以渔，这就是育人。

新教育实验的人文色彩浓郁，又因为专职团队中的理科研究员匮乏，语文学科的诸多项目是实验的强项，因此，迄今仍然有不少非语文学科老师不断询问：“我不是语文老师，我怎么开展新教育实验？”

邱玉东老师用他的行动，为朱永新老师在新教育第二届年度研讨会上的发言做出了注解——在那十年前的会议上，朱永新老师说：“我认为事实是理科教师目前最缺的不是理科知识，而是人文精神。这是中国理科改革的一个非常重要的问题。”

下篇

未来是我们创造之所在

改变，是从改变一个老师的一点一滴开始。

改变了一个老师，于是，改变一间教室，改变一个个学生，改变一个个学生父母……

改变了一个老师，于是，老师的家人改变了，老师的家庭改变了，老师的同事改变了，老师的单位改变了……

世界就这样被改变。幸福就这样被创造。

我是谁

作者/第42号春季种子 张秀明

我是谁？2010年7月之前，我从未想过这样“幼稚可笑”的问题，这需要想吗？这值得想吗？

我是谁？2010年7月，我开始很认真很认真思考这个问题了。如今过去快四年了，这个问题还时不时盘旋在我的脑海里。

因为不知道我是谁，所以就不知道自身的潜力，也不知道何为生命价值，很多时候就盲目地活着，日子是复印的。

因为知道我是谁，所以知道了“每个平凡的日子都是特殊的日子，每个特殊的日子都是平凡的日子”，知道了可以书写自己的生命传奇，知道了应该“充满劳绩但仍诗意地栖居于这片大地上”。

所有的真实的生活在于相遇，2010年7月，我遇到了网师，从此生活掀起轩然大波，从此生命开始被改写，从此知道“我是谁”。

我是谁？我是网师学员，我是种子教师，我是一名语文老师，我是一名校长。啊，2010年7月之后，我的身份越来越复杂了。

|我是网师学员|

那么多身份中，我最喜欢网师学员这个身份，也因为这个身份，才带来了其他几个特殊的身份。

2010年7月，加入网师，从此我的生命特质显现了，疯狂地读书，三年读了一百多本，读了上千万字；疯狂地记录，记录读书感悟，记录教室生活，书写网师作业，一年几十万字，三年上百万字。与别人闲聊会后悔，玩电脑游戏会自责。

读了多少书，大脑里装进了多少知识这些都不是最重要的，重要的是我开始喜欢自己了，开始认识自己了，开始知道自己的生命价值了，开始做最好的自己了。重要的是我开始改变自己了，改变自己的存在方式，改变自己的行走方式。

读了多少书，大脑里装进了多少知识这些都不是最重要的，重要的是我看到了“外面的世界”，我看到了许许多多的教室的精彩，认识了许许多多的尺码相同的人，我知道了一颗“新教育的种子”在悄悄地发芽、生根、长叶、开花、结果。

|我是种子教师|

因为网师，我认识了新教育，从此一颗心开始激荡，从此知道人可以平凡，但绝不能平庸。因为认识了新教育，2012年的冬季加入了新教育的种子计划，成为第81号种子教师。

网师的讲师魏智渊告诫我们网师学员：“不要轻易言说新教育。”我知道这句话的深刻含义，怕我们亵渎了它。我也知道自己还没有资格说自己是新教育人，新教育在我心中是神圣的，是我心中的银孔雀，熟悉我的人都知道我深深爱着网师，不可自拔，但他们从未从我口中听到“新教育”三个字，当然也不知道我是新教育种子教师。魏老师就像给我下了魔咒，我只能把它深藏于心间。其实“网师”“新教育”“种子教师”，他们是一家，是一体，很多时候是不分彼此的。

成了一名种子教师，2013年7月，我有幸参加了杭州新教育年会，认识了许许多多的“种子”，其实他们很多都是网师学员，我们彼此都已经很“熟悉”了，只是这回见到了真人而已，我们就像久别重逢的好友，根本没有陌生感，根本没有距离感，我们热烈地交流着，我们被彼此相同的气息吸引着。

在会场门口，熟悉的字眼映入眼帘——只要上路，就有收获；相信种子，相信岁月。看到这十六个字，每个新教育人，每个热爱新教育的人应该都会像我一样有回家的感觉吧。走进会场，耳旁响起的是轻轻的《向着明亮那方》的歌声，当朱永新老师那浑厚的声音响起时，热烈的掌声又随之响起了，没有官腔官调，没有官话套话，有的都是新教育人熟悉的话语，有的都是我们共同生活的语言密码：“课程的丰富决定了学生的丰富，课程的卓越决定了学生的卓越”，“梦会开出娇艳的花儿，相信生命会成为无价的珍宝”……坐我左边的是花王，右边的是天微晓，她们手里都拿着录音笔，要录下每一句话，回家再细细品味，这就是新教育人吧，任何有助于生命成长的细节都不愿意放过。他们都知道：自己成长了，学生就成长了；学生成长了，自己也跟着成长了。我没有录音笔，就用笔在笔记本上记着这些用真心道出的话语。

从杭州年会回来了，我又多了一重身份——二年级的组长，要召集二年级的老师一起备课，备晨诵，备绘本，开学后每周日进行展示。

2013年的8月，大半个月，做为一名种子教师的二年级的组长，我开始找人、建群、讨论、备课、交流。虽然参与的人只有五六个，但效率很高，在规定的时间里讨论，在规定的时间里订出计划，在规定的时间里完成任务。当看到成果时，我惊呆了，有的学员做的晨诵课件简直可以称为艺术品，布局巧妙，画面精美，有的学员做的晨诵课件与教室里的生命联系在一起，看他们的课件，我知道了自己的不足。

2012年的9月，我想在教室里践行新教育儿童课程：晨诵、读写绘，所以主动申请教低年级。我上网下载了很多相关的资料，然后摸着石头过河，虽然有点凌乱，但还是相当喜悦和激动，因为傻傻地抱着一本语文书教学的日子远去了，每天我都在给教室注入新的生命与活力："早安，小毛虫们！""早安，大毛虫！"教室有了共同的语言密码。

一年后，尤其是新教育年会回来后，尤其是集体备课后，我的儿童课程实践开始走得稳当了：晨诵有了主题，不再今天找一首读读，明天找一首读读，而是开学初就定下了一整个学期的内容，围绕主题与黎明共舞，一年级下学期是春天的主题，二年级上学期是爱的主题，二年级下学期是一个月一个主题。一个星期一个绘本故事，有孩子生日就送一个生日故事，孩子们可期待了。写绘与晨诵、绘本故事结合着进行，孩子们的写绘水平越来越高了。新教育，幸福着我，幸福着我的孩子们。

喜欢新教育，是喜欢新教育人的存在方式，喜欢新教育人的行走方式，他们喜欢上路，喜欢一群人携手走得更远，但同样可以无所畏惧地、孤独地前行。

成为一名种子教师后，我展示了自己的教室，同时也看到了别人教室的精彩，我们一同围绕在美好事物的周围共舞。

成为一名种子教师后，我的电脑C盘里是种子教师的每月叙事，D盘是儿童电影，E盘是期末庆典，F盘是下载的各种未经整理的资料——晨诵、绘本故事。

成为一名种子教师后，我的生活不再是句号，而是问号、句号和更多的感叹号！

| 我是校长 |

所有身份中，我对这个身份最纠结，这个身份在我身上停留的时间也是最短的——还没有一年。

对于校长这个称呼，这个职位，这个身份，我不知道自己是喜欢还是讨厌。当领导想提拔我为校长时，我是一口拒绝："我只想在教室里默默地耕耘，其他都不想。"领导已经把我的底摸了个清，他上网看了我的所有帖子，知道我是网师学员，知道我喜欢新教育："你让一间教室开花，那只是一间，你为什么不想着让所有教室都开花，都结硕果呢？"

我想拒绝，因为我知道我无法让所有的教室都开花。可我没有完全拒绝掉，因为知道有一件事我会做好，做成功，那就是——阅读。

三年多的网师生活，三年多对新教育的热爱，"阅读"两个字已经深入我的骨髓。

2013年9月，在矛盾、紧张、惶恐中，我成了一名校长。因为遇见新教育，所以我知道做为一名校长，我要做什么，我熬夜制定了学校计划，熬夜给全体教师写信，熬夜给全体学生写信，熬夜给全体家长写信。因为我还是一名二年级的语文教师，"没有痛苦的地方也没有快乐”，这些校长要做的事，我只能加班做，只能熬夜做，只能周末做。

每一次开会，每一份发言稿，每一封信，都与阅读有关。

我在给全体教师的第一封信里写的是：“我给教室做书柜，并不是为了宣扬或炫耀自己有多伟大，早在中心校，我看见那一本本崭新的、那么好的、国家花了那么多钱配置的图书躺在图书馆里，我真的都会暗暗心痛。”

第二封信写的是：“阅读是不能急功近利的，是无法立竿见影的，如果我们好好利用午间半小时的时间，六年时间孩子真的会读不少的书，真的会比不读书的孩子收获更多的东西，阅读是最能培养一个人的品格的。”

给全体学生的第一封信里写的是：“让阅读成为一种习惯，而不是一种负担，也不是为了读给老师看，或不被扣分，要让阅读像呼吸一样自然，并不是为了得到奖状和奖品，也不是为了得到夸奖，做阅读统计更不能弄虚作假了。在学校读，回家读，睡前读。”

第二封信里写的是：“读书，能使人的心灵变得更美好，热爱阅读的人，将拥有更美好的人生。有人说过，如果每天坚持阅读20分钟，十年、二十年后，这个人将取得比不阅读更大的成就。我们学校规定30分钟时间，那成功的机会就更大了。你们不要小瞧这30分钟，一分钟大概能阅读300个字，30分钟就能读9000个字，一年365天，就按300天算吧，能读多少个字呢？——2700000，270万字，是不是吓一跳？这就是积少成多，日积月累。”

在全校家委会上发言，我说的是：“有人统计，犹太人平均每年读书64本，美国人21本，日本17本，德国、英国、法国都是20几本，中国呢，大约4本。大家可以在心里想想自己一年看了多少本书，估计许多人是0。孩子不爱读书的原因是：（1）父母都不爱读书。（2）父母不重视阅读。（3）家里缺少亲子阅读的环境。（4）父母不尊重孩子的阅读兴趣，按自己的喜好给孩子选书。（5）要孩子读书的目的性过强。（6）以暴力或要挟的方式来强迫孩子去读书。（7）放纵孩子看电视或玩电脑。（8）课外辅导过多，占据孩子的时间。”

除了语言，还必须行动。“职业的最高境界——把热爱的事做得最好。”开学第一周，全体学生去图书馆借书，每天在规定的时间内阅读半小时；十月份，我用“十佳教师”的奖金给每个教室定制了一个书柜，图书馆的书全部到了每个教室，学生随时可以阅读，随时可以借书。一个学期过去了，很多学生阅读量超过一百万字，而在这之前，整个学校的阅读量是零。

我不单带着学生阅读，还带着老师共读《给教师的建议》，学校的会议尽量取消，改成读书交流会，要求50岁以下的老师全部参与。

里尔克说：“要耐心地等待心里所有尚未找到答案的问题。关键在于体验一切。渐渐地，不知不觉中，体验了一些日子以后，答案就会出现。”

2013年10月，我主动报名参加福建省第五届阅读经验交流会，与相关负责人谈了自己的读书收获，他们惊讶于一所小小的农村学校竟有我这种看重阅读、热爱阅读的人。2014年3月，我寄出了“书香少年”评选的视频，省关工委负责人看后，直接入选央视选拔，跳过省级筛选……

我到底是谁？我只能借用朱永新老师的那首诗《新教育的种子》来言说：

我是一粒种子
一粒新教育的种子
我有无数次前世今生的轮回
但是我最看重当下的力量
——曾经化为淤泥，换来今日芳香
无论遭遇什么，我都坚信自己

一次比一次芬芳

我，只是一粒小小的、新教育的种子。只是，我这粒新教育的种子已经悄悄地发芽、生根了！

网名：日月冲天　福建省福州市闽清县东桥镇北洋小学

童喜喜点评

我是谁？

我来自哪里？

我去向何方？

这三个根本的、永恒的问题，没有标准答案。然而，在人生的荒原上，以这样的问题不断叩问自我，不仅能够拨开眼前的迷雾，无限接近自己的理想，还能作为呼朋引伴的暗号，让这一路不再孤独。

这样的询问，也像一次次的擦拭。在时光的尘埃中被逐日蒙蔽的生命，因为擦拭而明亮起来。

作为教师，是最需要如此自我叩问的群体。因为教师自身承担的繁重任务，扮演的多重角色，承受的无情压力，比一般职业更容易让人或者焦虑狂躁、或者麻木懈怠。也因为教师这种特殊职业，面对的就是生命本身，只有通过这样的叩问，才能自身察觉生命的存在，才能让职业充满生命的意义，才能让知识有着生命的温度，才能让教育有着无穷的可能。

——我们创造教育奇迹，必须从询问“我是谁”开始。

滋养婚姻的源泉

作者/第02号秋季种子 常瑞霞

|一|

夜深人静，昏黄的月亮洒下淡淡的清光。朦胧的月光下，一个女子踟蹰在窄窄的胡同里……

那就是我，即将离家出走的我，即将把我认为的不幸婚姻毁灭掉的我。

十几分钟前，暴躁的老公又冲我大喊大叫发脾气。我伤心至极：我怎么这么不幸？我怎么嫁给这样一个人？我的命好苦啊……

我不愿再这样痛苦下去，于是，我背上挎包，装上钱包，也把存折放在里边，拉开房门，毅然决然地离开了家。

我走在胡同里，茫然的目光投向远方。远方的黑夜模糊一片，这样的黑夜让我恐惧，我前行的脚步越来越慢。除了刚才离开的那个房子，偌大的地球竟没有一个我可以容身的地方！可我无论如何不愿再回到那个伤心之地……

孤独、彷徨的我不知该行往何处。一抬头，家属院附近的操场的门开着，我便走了进去，找了块石头坐了下来。

曾记得去运城参加新教育年会，那时我刚接触新教育不久。我依稀感觉，我走的这条教学之路会让我和老公的距离越来越远。我对同行的王校长说："做新教育，我会和老公的共同语言越来越少，我们说不定会离婚的。"

没想到，时间刚过去几个月，当时的话就要兑现了。但是，新教育是我教学二十多年接触到的最好的教育。即使离婚，我也会坚持在自己的教室里做新教育，让每个孩子的生命开出最灿烂的花朵。

想到新教育，我的心情平静了许多。倏忽间，感觉周围亮了许多，仰望夜空，遮住月亮的云朵已经悄悄离开，淡淡的云彩轻拥着柔和的月色。我一个人坐在月光下，看云舒云卷，看彩云追月。刚才的伤心、烦恼，也好像被风儿吹跑了一般。

忽然又想起今天白天给孩子们讲的绘本《苏菲生气了》。苏菲和姐姐发生争执，她气得就像火山喷发一样。她走出家门，来到河边，呼吸着清新的空气，幽静的景色使苏菲的内心得以平复。大自然抚慰了苏菲，苏菲心情平和下来，高兴地回到了温馨的家。我今天竟然遭遇了和苏菲一样的事情！新教育就是"心教育"，真好!

是啊，我为什么要自寻烦恼？我现在做着这么好的新教育，我有一间教室可以开始新教育，我有六十多个孩子和我一起在诗歌中、故事中穿越，我还生什么气？

站起身来，掸去身上的尘土，整理好衣服，我步履坚定地向家走去。打开房门，洗漱完毕，美美地睡上一觉。

第二天，我又投入了自己心爱的工作。

——那是2007年秋的一天。我还没有想到，我的婚姻在这一刻开始改变。

|二|

在此之前，我的婚姻毫无幸福可言。

老公是个很不幸的人。他的父母“文革”期间一直是被批斗的对象，“反革命”“走资派”“右派”的罪名如影随形。年幼的他在学校也被同龄的孩子叫着“反革命”“走资派”“右派”。他解决的办法就是和别人打上一架，借以宣泄心中的怨气。回到家里，他并没有得到父母的安慰。父母听说到外边打架，就又是一顿打骂。因此，他形成了易怒、暴躁的性格。十六岁，他的父母相继去世。他顶替父亲的岗位开始工作。他成了没人管教的野孩子，更让他暴怒的性格“锦上添花”。

而我的性格深受母亲的影响。母亲十几岁就成了孤儿，最大的女儿十几岁时夭折，四十几岁时我的父亲又猝然离世。人生的三大不幸都让母亲遭遇了，让母亲觉得人生毫无幸福可言，她常说：“我活着有啥意思，不如死了算了。”无形中，受了母亲的影响，我的幸福指数也很低，是个动辄就爱生气的人。

老公暴躁，动不动爱发脾气。我爱生气，他一发脾气，我就伤心落泪，认为自己是天底下最不幸的人。我们就这样痛苦地生活着，直到遇上新教育……

2007年，我开始接触新教育实验，带着我的学生阅读大量的童书。所以，刚开始我就想，也许自己和丈夫的共同语言将越来越少，搞不好可能会离婚。

但一切却出乎我意料之外！

故事是伟大的，伟大到可以穿越一个人的生命。我知道我们读的一个个经典故事穿越了孩子们的生命。我不知道，故事竟然在不知不觉中穿越了我的生命，改变了我的家庭。

我跟着《绿野仙踪》中的多萝西、稻草人、铁皮人和胆小狮经过一番游历。我和他们一样，也找到了自我。我和胆小狮一样找到了胆量，和老公发生矛盾时不再哭泣，敢于和他争论，说出自己的想法。铁皮人带我找到了爱心，我看到了老公童年的不幸，我开始换一种方式去爱他。我给他妻子的爱，我还要像母亲一样去爱他、包容他，补给他童年缺失的母爱。稻草人让我学得睿智，我学会和老公的坏脾气斗智斗勇，让他和我一起发生改变。

对我震动很大的是《波丽安娜》。波丽安娜是个没人疼爱的孤儿，在我们看来，她的生活艰辛痛苦。可是，波丽安娜却总是做“快乐游戏”，她让整个小镇的人都变得开心、快乐。波丽安娜的笑容让日光之上的温暖悄悄渗透进这个冷冰冰的世界——这个人人都习惯于无法快乐的世界。她努力地告诉自己和每一个人，我们“能够”高兴，我们“可以”高兴，我们“一定会”高兴。

我豁然开朗了。

我从来没有看到自己当下生活的美好，总是艳羡别人的一切，尤其是对待老公，总是拿他的短处去和别人的长处比。波丽安娜让我学会换个角度看老公：老公虽然脾气不好，但是他是一个对家庭非常负责的人。他爱女儿，对女儿呵护有加；他爱老婆，总是督促我好好工作，努力学习提高自己，还督促我锻炼身体。所有的一切，之前我却都没看到。

我开始学做“快乐游戏”。不高兴的事，开始都往乐观方面想，有时生气了也可以想得很开，和老公的关系也一天好似一天。

那年春节，已经是大年三十的下午了，我们一家正忙着过年的最后准备工作。忽然客厅里传来刺耳的声响，我跑过去看时，只见玻璃茶几已经裂开，边缘的地方变成碎块掉在了地上。原来老公把刚烧开的水壶放到茶几上，玻璃茶几受热不均，炸裂开来。看到眼前的惨状，我没有责备，我做起了“快乐游戏”，我对老公说：“不要紧，碎就碎了，碎碎（岁岁）平安嘛。现在商场都关门了，我们就把茶几用胶带粘粘，先过年再说。”犯了错的老公没有听到埋怨、指责，就像个孩子似的行动起来。那天，他特别勤快、温和，我们度过了一个最美好的大年夜。

一本本书读下来，我的内心逐渐强大。我对自己充满信心：我能改变自己，我相信我也能改变老公，改变家庭。就像《人鸦》中说的：你改变了自己，你就改变了整个世界。

我变了，我的老公、我的家庭悄然发生着变化。同事们说，你看看小常，人家工作做得好，孩子很优秀，老公脾气越来越好，家庭也越来越和睦了。我知道，这是一个个伟大的故事带给我的变化。

很喜欢泰戈尔的这句诗：使卵石臻于完美的，并非锤的击打，而是水的且歌且舞。

最初，我只是认定，新教育就是且歌且舞的流水，会使我的教育工作臻于完美。我没有想到，这一路的追寻，新教育还会成为滋养我和家庭的泉水，让我从改变自我中，获得了人生的完整幸福。

网名：大杨树　　河南省焦作市解放区环城南路第一小学

童喜喜点评

女人是一种被苛求的动物。事业和家庭，里外两面，父母、丈夫、孩子，上下三者，都得兼顾。一处不妥，则全盘皆输。

而且，不可没工作，不可有事业——几乎是“成功女人”的标准选项。一个事业成功的女人，必被冠以女强人的帽子。“女”字和“人”字之间，这个加上的“强”字，隐隐透着某种指责。

并没有多少人意识到，一个人只有真正成为人，才可能拥有幸福。真正成为人，必须要有实现自我的工具——而万事万物，都不过是这个工具而已：画之于绘画者，雕塑之于雕塑者，文章之于作者，学生之于教师……

一旦真正成为人，则管中可窥豹，孔隙见世界。那时，家庭主妇恐怕才是最难的职业：食物的营养搭配学，家居的美学，孩子的教育学，父母的中老年保健学，乃至丈夫的成功学……凡此种种，才算综合而成一门“家庭主妇学”。

所以，诸事不易。从新教育出发，觉察自我价值，唤醒职业生命，滋养婚姻幸福，看似艰难，实则恰是相对容易的坦途。

每一次晨诵，都是一个愉快的邀请

作者/第21号春季种子 黄芳

非常喜欢梭罗的《瓦尔登湖》里的这句话：每一个早晨，都是一个愉快的邀请。

回想这些年，初识教育在线，跟着毛虫与蝴蝶团队，研发晨诵课程；加入新教育网络培训群，成为种子教师，精心研磨晨诵课程；收听朱永新老师的新父母晨诵，学习网师的每日一诗，觉得每一个早晨都比往日清亮明丽起来，不禁想套用这句话，表达内心最纯真的感动：每一次晨诵，都是一个愉快的邀请。

尤其是走进新教育实验项目培训群后，我们这些冬季种子教师参加了密集式的培训，使我对课程设置有了前所未有的思考。之后的一年多里，我承担过中段组长，升级为春季种子，成为了网师学员，参加了新教育萧山年会和北京种子教师培训，和孩子们一起实践着儿童课程，辛苦着，收获着，现在回头想想，这一路，步步都有诗。

|一首诗，和一个变化着的我|

2006年暑假，在苏州，我与新教育结缘，与一些充满着教育激情与理想的老师结缘，也从此与童书、童诗结缘。那时候，我们最喜欢谈的一首诗是谢尔·希尔弗斯坦的《总得有人去》：

总得有人去擦星星，
它们看起来灰蒙蒙。
总得有人去擦星星，
因为那些八哥、海鸥和老鹰，
都抱怨星星又旧又生锈，
想要个新的我们没有。
所以还是带上水桶和抹布，
总得有人去擦星星。

这首诗，不断地被我们提起，让我们认识到，我们也可以改变世界。而我，曾经就是诗中那只爱抱怨的八哥，抱怨着工作太累，抱怨着待遇不公，抱怨着接的班级生源差，弄得自己整天像个怨妇似的。这首诗却似一盏明灯，使我眼前这个原本黑暗的世界豁然开朗起来。

苏州回来后，我的心态变化了，工作方式改变了，少了许多无聊又无为的愤世嫉俗，多了几分踏实又创新的工作激情。在默默的工作中，我悄悄改变着自己，也改变着这个世界小小的一部分。我和孩子一起谈童书读童诗，我给家长们写一封封情真意切的信，我与同事们共享教育的乐趣。渐渐地，孩子们越来越懂事聪慧了，家长越来越信任我依赖我，同事们也悄悄加入我们的行列中来了。今天再读这首诗时，觉得自己由一只爱抱怨的八哥升级为一个擦星星的人，这样的感觉真妙！

|一首诗，和一群高产的诗人|

总是从早晨出发，我们一起读诗诵诗，议诗画诗，不知不觉中，有一些孩子不但爱上读诗的感觉，甚至还迷上了写诗。贾尼·罗大里的《开满鲜花的头》在某一天，成了大家的最爱。

那天教学童诗的时候，我没有像往常一样在前一天傍晚把诗篇抄在黑板的左边，而是等孩子到齐后，在黑板上写下第一行诗：如果头上不长头发。我刚写完，还没提问呢，孩子已经嘻笑开了："如果头上不长头发？哈哈……"

如果头上不长头发，你希望长什么呢？大概是从没碰到过这么好玩的问题吧，可把孩子们乐坏了，他们边笑边回答：

"我希望长风筝"机灵鬼杰站起来吐了吐舌头。

"富有童趣。"我不忘表扬他一句。

"也许会长皮球。"欢盼说完，下面已经笑作一团了，有人已经笑得都要钻桌底了。

"行呀，你想长什么就长什么。"我及时地鼓励。

孩子们想象力就是丰富，回答更加五花八门了，也更加有意思了。

有长花草树的，有长虫鱼鸟的，天哪，还有长录音机、小精灵什么的，只差长火箭导弹的了。

我把孩子的发言，写在黑板的右边。然后，又在左边写了第二行诗："种满鲜花该是怎样的景象？"

孩子们纷纷举手回答……

就这么一句句猜测与讨论，孩子们始终处于兴奋状态，晨诵课就是这样好玩。

该是孩子们大显身手的时候了。我指着右边的板书，问孩子们，"如果头上不长头发，长水果、长鸟窝、长皮球……也非常有意思，你也能写出好玩的诗吗？"就在这时，下课铃响了，我把它作为今天的日记让孩子们回家去完成。

从第二天收上来的诗作看，孩子们对这样的仿写非常感兴趣，有些孩子诗性大发，一连作上好几首呢，特别是有个叫章丁娜的女孩，连作七首。事后她告诉我：她写得停不下来了，那些诗好像早就储存在她的大脑里，灵感涌动时，一发而不可收。

随后的几天里，孩子们更是天天大诗小诗不断，一个个成了高产诗人。姚冰洁从开始晨诵金子美铃的诗歌以来，就开始悄悄地仿写诗歌，短短一个学期里写了五十多首诗。

我想，每个孩子天生就是一首诗吧，许多的时候，孩子的诗意表现为隐性的，就连孩子自己也不知道。如果在合适的时候，有一个老师，有一部作品，为他点灯……

|一首诗，和一个教育的难题|

诗歌，有时候可以用来玩，有时候又可以帮助我们解决难题。

那一天，窗外春雨沙沙，室内诗香飘飘。为什么这么说呢？因为在我们办公室，不光是我，同事余老师也被美国诗人狄金森迷住了，进进出出把那首《如果我能使一颗心免于哀伤》挂在口上。

向她推荐这首诗，有一个小小的故事。那天早上，她在批阅学生日记时，发现一个孩子用一首诗来发泄她对这个班级、这个世界的不满。原来，这个孩子与班上另一女生产生了矛盾，余老师前一天对她进行了劝导和教育，她却把仇恨的情绪深种，并且以“暴力诗”的形式表达出来，连用几个“如果”，句句让人感觉她是一个复仇女魔，恨不得铲平这个世界，最后一句是：“如果我是一只猛虎，我就要活吞所有的生命。”

余老师感到了昨天谈话的失败，感到了教育的无奈，不知道该如何在孩子的诗后落笔。于是，我向她推荐了这首诗：“她用几个‘如果’，我们就还给她几个‘如果’，你看如何？”我缓缓地背诵起来：

如果我能使一颗心免于哀伤
我就不虚此生
如果我能解除一个生命的痛苦
平息一种酸辛
帮助一只昏厥的知更鸟
重新回到巢中
我就不虚此生

余老师一听就喜欢上了，工工整整地抄在孩子的日记本上和自己的摘记本上，然后一遍又一遍地诵读起来，甚至连上洗手间时也在默默地记诵，被我们善意地笑话。

我不知道这首诗对那个写“暴力诗”的女孩是否有一点点触动，但我知道，我身边的老师中多了一个疯狂的“金丝”。

| 一首诗，和一个孩子的生日 |

很多时候，我喜欢选择一首诗歌，稍作改编，作为礼物，送给过生日的孩子。这一天，这首诗就属于他，印记在他的生命里。

有一段时间，过生日的孩子特别多，陈昊、文青、傅立、姝屹，一个接着一个，我每天都在为这些孩子找适合他们的诗歌，唯有陈昊这个孩子，我不知道能为他送上什么诗。

悄悄地问过几个同学，让他们说说陈昊的优点，可是人人都说陈昊没有优点，缺点却能倒出一箩筐来。

确实是这样的，陈昊是个特殊的孩子，学习成绩相当差，每门功课，每次考试基本上接近个位数；语言表达能力极差，甚至班中有不少同学一直认为他是不会说话的，跟哑巴没什么两样；脾气还特别倔，若是有人言语或行动上冲撞了他，他会红起眼，抡起拳，和你没完没了。

久而久之，大多数同学们跟他越来越远，私下里谈起他，多的也只是鄙视，唾弃他。我常常有心帮他一把，明言暗语地告诫班上的孩子们，要多关心他，要试着去了解他，孩子们也懂事，至少这一年多来，也有些孩子能和他一起玩了，有段时间，还常见他和同学们下棋呢。但是，要数出他的优点来，还真是有些困难。

可是在读到他的轮流日记时，我了解到陈昊不为人知的一面：他在家里最喜欢玩电脑游戏，为此什么事都答应去做。有一天，陈昊妈妈的电话欠费停机了，想让他去电信营业厅充话费。一向胆小得不敢与别人交流的陈昊起先很不情愿，听说充完话费可以玩半小时电脑，他就骑着自行车去了营业厅。

我要把这件事借陈昊的生日，大张旗鼓地宣传，让孩子们更全面去了解陈昊，理解陈昊。

我为陈昊选择了金子美铃的《星星和蒲公英》：“……虽然我们看不见，但他们存在着，有些事物看不见，但存在着……”

陈昊的生日说到就到了，我大肆表扬陈昊，表扬他的轮流日记写得棒极了，并作为范文在全班同学面前宣读。当我读到他去营业所交话费，大家也都表示惊叹。我对孩子们说：“陈昊就是诗中白天的星星呀，就是散落的蒲公英呀，他有些优点我们看不到，却存在着。请大家再找找陈昊的优点吧，细心的同学一定可以找到。”

于是，晔涛说，陈昊下象棋很棒；承雨说，陈昊主动帮他们抬餐具；我说，陈昊这次交的日记不但文通理顺，而且字也写得特别好。我用手机拍下他的作业，展示给孩子们看。然后，我们一起读改编后的诗，一起唱生日歌。陈昊非常开心。晚上，陈昊妈妈打电话来，一个劲儿地感谢老师，感谢同学……

陈昊的生日过去了，这一天，写进他和孩子们生命里的不只是快乐吧！

|一组诗，和一次野外亲子游|

因为考虑到学生安全问题，教师担责问题，没有老师敢组织校外亲子活动。

缘识新教育后，看到常丽华老师常常华丽丽地带孩子们野外活动，有心生羡慕过，但只停留在羡慕的份上，还不敢行动。

成为种子教师后，见萤火虫义工们把线下活动搞得轰轰烈烈，如火如荼，我的心也萌动起来。

终于，在家长们的支持下，我做了第一次“红了樱桃”亲子活动：以诗歌入手，先在教室里诵读了为期一周的樱桃诗词，然后在周末，和家长们带着孩子摘樱桃，品樱桃，诵樱桃。那一天，我们成了樱桃园地里最亮丽的风景线。周一返校后，重读樱桃诗，重温亲子游！那种幸福和快乐简直无法言表。

这次活动非常成功，深受家长孩子的喜欢。

之后，我们组织过多次亲子活动——中秋节赏月烧烤，清明节“清明馃，亲子情”……当然，每一次活动，我们都不忘跟晨诵诗相结合，使活动效益最大化。

|一首诗，和一条走不完的路|

有一次家长会，别的班都是以晚上时间家长自愿到校与老师交流的形式开展，我向校长申请，准许我用一个下午和家长孩子一起开一个诗歌朗诵兼家长会，校长同意了。

在诵读会上，每一个孩子都得到一首或几句最切合他生命的诗句，会议结束后，家长纷纷表示，这是最有意义的家长会，希望多开这样的家长会。

其实平时在给家长的每周一信里，我也常常通过用分享诗歌的形式来展开交流，开展活动，比如用谢尔的《频道》来启动“让童书战胜电视”的活动，效果就非常好。用金子美铃的《这条路》来邀请他们进行亲子共读活动，也很能打动他们。

加入种子计划的一年多来，我和孩子们在晨诵这条路上越走越远，越走越精彩，期待着其他课程也越做越完美。这个学期，我们沉浸在古色古香、精彩绝伦的农历课程里，不久前还在全校师生面前诵读了《桃花源记》，表演了童话剧《丑小鸭》，受到一致好评。

教育这条路上，一定还会有更多更完美的课程花园！大伙儿一起去吧，我们去走这条路。

网名：凉月如眉　　浙江省诸暨市暨阳小学

童喜喜点评

同样是五官，因为大小、形状、颜色的搭配不同，就形成了万千不同的面貌。

同样是语言，因为组合排列不同，就形成了各种不同的表达与意义。

尤其是诗。

通透、深邃、无垠、新奇的语言，本身就具有某种魔力。

有人说，诗人没有国籍，属于全人类。

那么，懂诗、读诗的人也是如此。

或者可以说，诗歌是借了世界的某些素材，又创造了一个独立于世界之外的国度。无论是诗歌的作者还是读者，都是这个国度中的主人。

——所以，无论大人还是孩子，都应该拥有诗歌之国。

诞生过唐诗宋词元曲的祖国，不应该让诗在物欲的困境里沦陷。人能够也只能自己拯救自己，物却不能。谁来拯救诗？老师啊，作为文化选编者，只有你才有能力拯救诗歌，拯救这孩提的欢娱，赤子的痴语！

阅读和写作

——为成长插上飞翔的双翼

作者/第24号春季种子 李之梅

“假如没有遇见你，我将会是在哪里？日子过得怎么样？人生是否会珍惜……”每当夜深人静之时，回想起自己十五年的教师生涯，回想起自己一路走来艰难的专业成长旅程，我都会想起风靡于上个世纪80年代的著名歌星邓丽君，想起她那首耳熟能详的歌曲《我只在乎你》。

是啊！假如我没有遇见你——陪伴我成长的教育日记，假如没有遇见你——砥砺我思想的校讯通博客，假如没有遇见你——丰盈我生命的新教育实验，假如没有遇见你——那个不甘平庸、渴望在教师专业发展上走得更远的梦想，假如没有遇见你——让我站在大师肩膀上的一本本教育经典，假如没有遇见你——新教育种子教师计划和该计划的一个个“战友”们……如果没有遇见这一切，或者少遇见其中一环，我很难想象自己现在的专业发展状况。

也许我会像许多同行一样日复一日地重复着单调的工作得过且过，也许我早已经被教师职业倦怠折腾得疲惫不堪，也许我会终日在每天的叹息声中蹉跎度日，也许我会一辈子都在这个狭小的圈子里犹豫徘徊，也许我会终日与一帮牌友们打扑克，搓麻将，而拒绝任何形式的阅读学习，也许我生命的花朵会在每日的烦躁和不安中渐渐凋零……

|教育日记的不期而遇|

2005年4月，随着焦作市重大科研课题“培优扶弱”实验开题报告会在市体育馆召开，随着魏书生、李金池、王生等几位专家的报告，一场老师和家长每天给自己的学生（孩子）写教育日记的浪潮席卷了整个焦作的教育系统，我也有幸加入其中，从此以后，每天给学生写教育日记就成了我雷打不动的任务。

在焦作市教科所原所长周秀龙的鼓励和支持下，一篇篇教育日记成了我和孩子们沟通交流的又一个重要渠道，无论是平时上课还是节假日休息，无论骄阳似火还是滴水成冰，无论是巨大的进步还是失败的打击，我都会每天在教育日记本上为孩子们写上只言片语。

截止到现在，我已经为自己教过的一届届学生撰写教育日记3200余篇，累计达70余万字，一篇篇教育日记成了我和孩子们最为珍贵的精神财富，与此同时，我自身的写作能力也在一篇篇的教育日记中得到锻炼，2006年3月，我撰写的论文《“培优扶弱”实验对象群体化初探》在市教育局主管的《焦作教育研究》上发表，成为我参加工作以来发表的第一篇文章。2012年2月，我撰写的论文《用教育日记撑起爱的晴空》在由团中央、教育部联合主办的刊物《少年儿童研究》上发表，成为我在国家级杂志上发表的第一篇文章。

由于对教育日记的持之以恒，我自身也获得了许多额外的奖赏。2010年3月15日，我代表武陟县到焦作市教育局参加“教育日记最具影响力教师”评选演讲比赛，以全市第三名的成绩被评为六位“焦作市教育日记最具影响力教师”之一，并成为焦作市教育日记宣讲团成员。我为宝玉贵、裴璞两位同学撰写的教育日记也在全市“新教育实验——教育日记评选中”两次获得一等奖……

和教育日记的不期而遇，使我在一本本报刊杂志上频频发表文章的同时，也在教师专业发展的道路上逐渐成长，由一名农村学校的普通教师，成长为在全市教育科研界小有名气的老师。教育日记的专业写作，成了我个人专业成长的突破口。

| 校讯通博客的美丽邂逅 |

2010年7月，在焦作市教育局新教育研究室张硕果主任的建议下，我在河南省校讯通网站上注册了名为“梅园清香”的博客，正式开始了自己的写博生活。

从此以后，我开始把自己的教育故事和教学随笔由传统的纸质笔记本转入电脑，上传进自己的校讯通博客；从此以后，每周更新一次自己的博客成为我的习惯；从此以后，我在网络上有了自己的精神家园。

注册博客之后的三个月，我就收到了第一份额外的奖赏：2010年10月29日，校讯通第六届书香班级评选活动结果揭晓，我意外获得教师专业发展奖——启明星奖。我还认识了一位优秀的博友——网名“绝代芳华”、来自修武县第二实验中学的薛志芳校长，这份意外的惊喜和薛校长的激励点拨使我写博的动力更足了。2011年2月，我被校讯通网站评为校讯通博客第208期教师博腕儿；并在校讯通随后举办的第七、八、九届书香班级评选中连续获得启明星奖，所撰写的博文《让生命盈满书香》入选河南文艺出版社出版的《阅读的力量》一书。

2011年2月26日，在我的引导下，裴璞同学成为我班第一个在校讯通上注册博客的学生。在随后的日子里，一共有30余位同学都在校讯通上注册了博客，开始了自己的写博生活。从校讯通第八届书香班级评选活动起，我也引导孩子们通过写博，参加校讯通的书香班级评选活动。在此后的日子里，我们远航班在校讯通第八、九、十届书香班级评选活动中，连续三次获得“书香班级优秀奖”，成为全省150多个获奖班级中唯一一个来自农村基层学校的班级，孩子们也获得了校讯通公司价值900元的童书奖励，而我做为辅导老师也得到了一本本教育经典书籍，特别是苏霍姆林斯基的著作让我受益匪浅。

2013年5月，省校讯通网站主办的《家长会》杂志在“特别关注”栏目《阅读是他们共同的名片——聚焦焦作的班级阅读》中，运用了一页的篇幅，以《从活动出发，成长路上不停歇》为题目，对我们远航班在寒假中举行“博客之星评选”和开学之后举行“博客之星颁奖典礼”的活动进行了文字介绍，还配发了我们在教室里举行“博客之星”颁奖典礼的照片。一个农村学校的班级，一个个平凡的农村孩子，因为写作，因为博客，因为阅读，他们的精神更加丰富，他们的灵魂走得更远。

和校讯通博客的美丽邂逅，让我在教师专业成长的道路上走出了焦作，开始和来自全省各地“尺码相同”的博友们沟通交流，也让班里的孩子们养成了每天读书、写博的良好习惯，师生之间在网络上，拥有了一个共同的精神家园。

|新教育实验的引领助力|

2008年12月，在焦作市人民会堂举办的“冬天里的童话——相约焦作，对话新教育”研讨会上，我第一次感受到了新教育的特殊魅力，观看着焦作新教育核心团队榜样教师的故事言说，聆听着新教育研究中心干国祥、马玲、魏智渊三位老师深入浅出的讲座，我漂泊已久的灵魂仿佛一下子找到了最终的归宿。

从此，我在教育在线论坛——这个全国新教育人的精神家园上进行了注册，并建立了主题帖，认识了来自全国各地的优秀网友。

从此以后，只要有时间、有机会，我都会积极参加焦作实验区的新教育活动。新教育焦作开放周、“晨诵、午读、暮省”儿童课程焦作培训会、焦作新教育讲师团武陟行活动、焦作新教育种子教师培训会……一次次的活动推动，在焦作市新教育研究室张硕果主任的鼓励支持下，我结合农村学校的实际，开始了“缔造完美教室”和“研发卓越课程”的初步尝试。

我为自己的班级起了班名，让一个孩子设计了班徽，确定了班歌、班诗和班级愿景，相继举办了“世界读书日——书香班级颁奖暨远航班读书节启动仪式”“云中谁寄锦书来——与远方学生手拉手”“我读书、我表达、我快乐——班级读书小达人评选”“远航班寒假写博启动仪式”“远航班首届读书论坛”“远航班书香班级颁奖典礼”等丰富多彩的班级活动，开发出了师生共写教育日记、生日赠诗、整本书共读、“我最喜爱的课外书——好书推荐”等班级课程。

与此同时，在新教育读书会的推荐下，我先后阅读了《第56号教室的奇迹》《新教育》等专业书籍，让我的教育教学更加有底蕴。

2013年1月，我成为了“全国新教育萤火虫种子教师”，又开始了在种子教师大家庭中的成长历程。我像一个刚刚入学的小学生一样，认真地完成每一次的作业和每一月的叙事，其中四月、五月的月份叙事被评为优秀。我参加了2013年7月在浙江萧山举行的新教育年会，被评为全国新教育实验优秀实验个人；2013年8月17日，我成功升级为“全国新教育种子教师”春季种子教师。好事接踵而来。紧接着，我还收到了“全国儿童阅读公益组织——心平公益基金会和燃灯者计划”为我们班级捐赠的价值2000余元的图书和书架，为班级学生的阅读提供了丰富的资源……

每当夜深人静的时候，回顾自己十五年的教师生涯，我常常这样想：假如没有遇见你，在我教师生涯中起决定作用的教育日记、校讯通博客和新教育实验，以及和我一起发芽、一起成长的亲爱的种子们，我的灵魂将会漂泊在哪里？

我常常想：一个农村基层学校的普通老师的生命，到底能够走多远？

也许不取决于他所处的环境是否舒适，而取决于他心中是否有专业成长的强烈愿望，也许不取决于他周围的同事是否优秀，而取决于他是否遇到一个承载当下生命的项目，取决于他能否融合到这个项目所组成的共同体中，并与这个共同体的一个个“战友”，相濡以沫，抱团取暖，彼此激励，一路前行……

网名：含泪的梅花　　河南省焦作市武陟县嘉应观乡二铺营中心小学

童喜喜点评

新教育实验早就归纳总结了教师专业发展的吉祥三宝：专业阅读、专业写作、专业发展共同体，并且喻之为第一是在大师的肩膀上潜行、第二是在自己的肩膀上攀升、第三是在集体的肩膀上飞翔。

其实，从某种意义而言，阅读和写作实为一体。写作是一个把阅读书本、阅读生活的内容，进行梳理、总结、反省、内化的过程。因此才会有写作是真正思考的开始一说。

对一线教师而言，无论从精神成长还是世俗要求来说，阅读和写作的价值更是不可估量。在琐屑的教学杂务不断割裂时间的情况下，只有强迫自己培养并保持阅读与写作的习惯，进行化整为零的阅读和记录，才能最大限度地及时有效提升。

种子安然

作者/第07号夏季种子 彭文雪

从1994年开始参加工作，一直到2008年，我的人生都是懵懵懂懂的。毫无疑问，我对工作、对人生开始有新的思考和认识，都是因为加入了新教育实验团队。新教育——让我开始重新思考人生的意义，工作的意义。新教育——也让我重新开始了学习之旅。2009年，我参加了新教育网络师范学院的学习。其实一开始根本没有规划，只是随性随意地跟着。但慢慢的，开始为网师的作业而纠结，开始为讲师授课前完不成预习而难过。有一段时间，我陷入学习之中，甚至因为学习而轻慢了教室里的工作。

当然，参加网师学习的同时，我也开始在教室里试着实践新教育儿童课程。说是新教育儿童课程，其实非常稚嫩。一是因为理念没有吃透，二是因为自己知之甚少，这对课程开发是硬伤。而且在参加新教育实验后，我一心抱着要给自己的人生留下点什么的想法，身边很多人不理解，诸如领导的打击，同事的冷嘲热讽，甚至家人不理解和打击等等，让这条路走得更加艰难。所以，开始的两年，走得跌跌撞撞，也走得异常辛苦。

那时候，觉得上网是有魔力的，常常在群里和各地的老师们交流，提高自己的同时，也由此结识了一些志同道合的好朋友。有时候在工作和生活中遇到一些烦心事，与那些朋友聊一聊，心里也就轻松了许多。也许是因为有了心理的安慰，所遭遇的一些困难和阻碍也觉得没什么了。

但是接下去自己将走向哪里？我没有去想过。

一次在网师的授课群里，认识了童喜喜，闲聊几句，觉得挺投缘。我的个性，凡是觉得投缘的人，会很快主动加为好友，所以我很快便加喜喜为好友。在之后几次的学习交流中，与喜喜日渐熟悉。

但我是一个只顾眼缘不顾背景的人，连喜喜是儿童文学作家也不知道，她从来不说。后来知道她是儿童文学作家、奥运会唯一一个“80后”的火炬手后，我吃惊得不得了。从此，“儿童文学”这四个字走进了我的生活。

当喜喜知道我做新教育的儿童课程，只是找些诗歌与我那些四年级孩子们诵读，我和孩子们都从来没有阅读过经典童书时，竟突然赶到我任教的学校。那是2010年春的一天，不凑巧的是，那天我们学校放假，老师全部到另一小镇——沙河镇去参加教材培训。那时候，我正在想如何调动一下自己的工作环境，培训完后又去见了曾经的一位同学，下午很迟了还没有回学校。然而，喜喜却连早饭也没吃就赶到我所在的学校，她没想到吃了一个闭门羹。她没有我的电话，连打个电话问问也不能，就那样在那所小小的学校里逛了无数圈，一直从上午逛到黄昏，到我参加培训归来。我们在一起差不多聊了一个晚上的时间，聊了很多很多。从教室聊到课程的开发，聊到个人的学习提高。

第二天上午，她去了我的教室，给孩子们讲了两个故事，悄悄地来又悄悄地走了。学校的领导和同事谁也不知道，学校曾经来了一个什么人。

她来帮助我们建立图书角，为我们送来了一批童书。这批童书，一下子把我和孩子们都吸引了，《小鬼喜当家》《嘭嘭嘭》《柳林风声》《小鹿斑比》……我和孩子们读得如痴如醉。后来，我开始自己买童书，买书柜。喜喜在北京，又开始为我们募集童书。不到一年的时间，我们班的图书角里，就有了童书五百余本。

一批批的童书来到我们教室，我和孩子们沉迷在那个童话的世界里。我深深地体会到：阅读，原本就是一件非常美好的事。

一年后，我又被学校安排教一年级，那些童书不适合一年级的孩子看。西安高新四小的老师和孩子们，看到喜喜在网上发的为我们募捐童书的帖子，为我们送来两百多本绘本。一下子，我又和一年级的孩子们沉醉在绘本的世界。绘本，真的是有说不完的美好啊！

后来，喜喜推荐我加入新教育的种子计划，从那时候起，我真正成了新教育的一颗小种子。

从此，我不能忘“我是一粒种子，一粒新教育的种子”。不管在怎样困难的时候，“我是新教育的一粒种子”成了我的信念，助我度过难关，直到今天。

成了一粒新教育的种子后，我的成长开始加快脚步。喜喜推荐当时的六位种子老师到中央教科所附属学校学习，地点在深圳南山。作为一个四川人，那时候我连省城成都也没去过，更不要说深圳那么远的地方。

怎么办？去还是不去？虽然是三十几岁的人了，但父母还是不同意去，因为太远了，而且从来没有出过远门，以前在小车站还曾被人骗钱……理由很多，我自己也担心。

几经权衡，走出去看看的想法占了上风，最终我选择了去。记得去的那天，儿子送我到宜宾车站，当时恍惚有种不知道去了还能不能回来的可怕感觉，居然在上车后望着儿子掉了泪。

没想到一路顺利，到了深圳后才知道喜喜已经安排好了一切。在深圳学习的一周是辛苦的，但很安心。那五天，每天超过一万字的学习记录，对我来说，是人生一笔小小的财富。回学校后，心里安定了很多。

花几个小时选一个晨诵诗，选一个共读的小故事，或是在孩子们生日的时候，选一个故事，改编一首诗歌送给孩子们……需要花在上面的时间不少，但并不觉得有多么累，反而觉得这样工作很有意义。

新教育的种子项目中，不但有为种子教师推荐学习的地点，提供学习的帮助，还有全额报销学习费用，我不再为外出学习担心。外出学习的机会多起来，我的眼界也越来越开阔。

我开始认识教室的另一重天：老师的教育人生。

“老师的教育人生”是2011年在罕台参加新教育研究中心的共读时的深刻感受。那个暑假，特别幸福。因为能与自己一直喜爱的马玲老师、陈美丽老师，严盈侠老师一起学习，还能现场聆听干国祥老师、魏智渊老师的教诲。那个暑假，白天我们读的是牟宗三的《圆善论》，美国杜威的教育著作《我们怎样思维》。晚上，在烛光下共读的是泰戈尔的《新月集》和《吉檀迦利》，还读了海子的一些诗，如《祖国或以梦为马》。说那段学习之旅充满魔力，是我真实的感受。

我从来没有如此静静地沉入到学习中去，也从来没有为自己竟然是那样的笨而流泪过。白天的讨论我插不上话，晚上的诵读又读得生涩难听。我曾恨自己的理解能力怎么那么差，为什么不能聪明一点，一点就通呢？

但那一次的学习机会，是非常珍贵的，从那时候开始，我开始理解什么叫静下心来阅读，什么叫知性阅读。也从那时候开始，我的手提包里，从来没有断过书。

在学习期间，罕台的老师们也在教我如何做好一位老师，我曾在笔记里记着："老师总会守在教室里等着那些返校学习的孩子。孩子回到自己的教室，老师们便陪在他们身边，与他们一起读诗，一字一字，一句一句，一遍一遍，直到孩子会背，会默写；看孩子做写绘，听孩子讲假期故事，与孩子一起读故事，其乐融融；不仅如此，还与孩子一起下五子棋，跳棋，在游戏中告诉孩子遵守规则的重要，告诉孩子们要努力争取胜利……"

安心守护，静心守护，有辛劳，更有一份恬静美丽，我喜欢马老师、陈老师和严老师他们的这种工作状态，告诉自己，也静下心带好自己教室里的孩子。

现在，我所在的学校是一所收费较贵的学校，我们教室里不只是孩子们喜欢的地方，他们身后的爸爸妈妈也喜欢我们的课程，这些父母开始宁愿花更多的钱把孩子送到这所学校，是为了自己在孩子的成长上少操心，可现在他们非常珍惜陪伴孩子的时间，这就是新教育带给我们的魔力。

现在，每个周，我们班的家长们会有一天晚上聚在群里，进行一至两小时的讨论，他们说这一两个小时，也是幸福的时光。每周我给家长们一封信，周日，我会收到每位孩子的爸爸或妈妈的回信。周一利用课余时间读完几十封信，会有些腰酸脖子疼，但心里却是舒坦的，因为这是幸福的交流，更因为几乎每一位孩子的爸爸妈妈都会说："感恩孩子的启蒙教育遇见你，遇见你是我们的福气。"相遇是一种福气，相知相伴更是一种福气，我愿意与家长们一起陪伴孩子成长，期待孩子的明天。

而我身边的人对我的看法也开始慢慢改变，我听到越来越多肯定、赞扬的声音。我知道这些改变并不容易，但我的心已经不计较这些评价。"我是一粒种子，一粒新教育的种子……"就像朱老师写的这首歌，让人沉静。我感到一种安然的幸福，因为我是一粒种子，找到了新教育这片土壤。

网名：雪安然　　成都市高新西区外国语学校

童喜喜点评

安然是一种力量。尤其是人的成长过程，必须保持一种相对的宁静，能够让外在的知识在生命中激发震荡，从而由外及内地导致一个人由内及外的改变。这一点，也正是教育实验的需要。

直到现在，在开展新教育实验的地区，我们仍然可以看到一个显而易见的事实：实验在偏远地区、经济不发达地区产生的影响，比发达地区更大。

有人说，这是因为发达地区思想多元，新教育只是其中的一种，所以影响力不够。有人说，这是因为发达地区受到经济大潮冲击人心更浮躁，新教育效果好但要求高，所以难以开展。当然也有人说，这是因为新教育实验自身的欠缺，只有在特别荒凉与贫瘠的地区才能显出一点效果。

我想，这种不同，呈现的其实是教育本质上的规律。一是告诉人们：教育其实对硬件的要求，并没有人们想象的那么高。极端来说，有一个好老师，有一批好书，一切都已足够。所以，以教师发展为起点的新教育，抓住了教师这个核心软件，才有了这种结果。二是告诉人们：教育从技术而言，可以呈现出“快”的节奏、效果与改变，但归根结底，教育作为针对人的技术，必须吻合人的发展节律，本身是“慢”的，是“静”的。只有慢下来、静下来，有着量的长久累积，才会爆发质的突变。而这一点上，的确城市的环境反倒不如乡村。

所以，无论城市还是乡村，师心安然，教育才会弥漫芬芳。

教育生活，我总喜欢折腾

作者/第40号春季种子 张辉玲

在外人看来，我的生命成长总是充满着变数——初中因故辍学的我，在恩师的帮助下重返学堂，考取高一级学府，然后成为一名人民教师。

工作的前十年，干了五个学校，从乡村到城镇，从包班到专职，从小学教到中学，从中学教到小学，从教师做到副校长……

2008年，我辞去公职，来到一所私立学校。

2011年，教了17年数学的我，改行教语文。

我心里明白，本质来说，这一切其实是我喜欢折腾。

|班级管理，核心思想是创造|

还记得在农村初中带班主任的那两年，我就已经开始了折腾。

班上一帮调皮男孩，基础太差，我就组建一个篮球队，每天课外活动时，组织这批孩子去球场一阵“拼杀”，孩子们的体能得到了释放，还锻炼了身体；听话一些的中等学生，我就在中午给他们补课，孩子们感受到老师对他们的期许，学习起来特别用心，成绩上升特别快；还有一部分成绩特别好的孩子，那就给他们搭建各种比赛、提升的挑战训练，这一部分学生成绩在全年级独占鳌头，成为全年级的排头军。

那一年统考，全年级前十名，我们班占了6个；而且我们还见缝插针地排了一个全班的舞蹈《今天是你的生日》，作为献给我们伟大母亲祖国的生日礼物。那时学校条件差，我们当时举办的是露天晚会，当我们全班同学像一层一层的花瓣簇拥着一团娇艳的红色花蕊出现的时候，全场一片惊呼，我们的花蕊是闪耀着火花的蜡烛！那一次的表演，我到现在都还记忆犹新。那一届的学生现在都谈婚论嫁了，他们还常常记得篮球场上的大汗淋漓，我给他们送去的那些开味小菜，中午补习时的温馨，以及我们在山沟垒起的石灶上烧糊了的米饭……当然，还有我们自编的筷子舞，还有我们全班参加体操表演时的奇特服装：我们用蜡光纸裁剪的无袖背心，在阳光下随着孩子们的一招一式闪闪烁烁……

因为喜欢折腾，在刚刚时兴买电脑时，我就率先买了一台电脑，练习用五笔打字，申请了一个QQ号后，同时开四个窗口，就为了练习打字而和别人聊天，就这样把自己的五笔打字水平给练出来了。也因为有了电脑，在2004年，我闯进了教育在线，走进了新教育。

在新教育里，我最开始的起步就是在教育在线写自己的班级帖，每天干什么就写什么，越写越起劲。恨不得天下人都知道有新教育，还热情满满地撰写了《我县新教育实施方案》给县教研室，虽然方案被尘封。那时真正在教室里实施新教育我也没怎么起步，总感觉条件不够，而且常常因为身边没有同事分享自己对新教育的情有独钟，总觉得落寞。

为了寻求志同道合的同事，我辞去令人羡慕的公职，来到一所全新的私立学校。我和同事们开始了一切从无到有，从有到精的开创。那两年，我埋在所有的繁琐事务中，整天埋头拉车，几乎无暇去教育在线了，教育生活成了彻底的职业生活，失去了色彩。

但是一次巧合的安排，让我临时接任班主任，这个岗位又一下子激起了我的斗志，大胆在教室里开始一系列源自新教育的“新折腾”：

晨读，是我们一天的美好开始。我一般7：50进教室，捡个角落坐下看书，孩子们三三两两地进教室开始大声晨读。我们时而读背《大学中庸》《古诗宋词》，时而跟着碟片摇头晃脑地吟诵唐诗，时而像唱歌一样地成语接龙，时而像表演似的进行男女配声朗诵……与金子美铃的邂逅，与谢尔大叔的调侃，与泰戈尔的相遇，开启了我们的每一个黎明。这一切，如果不是那一年暑假，我跟着新教育的儿童课程榜样教师们一首一首地解读儿童诗，就不可能有教育里晨诵时的从容。

课间，时不时地会从走廊上传出葫芦丝的声音，断断续续，旋律似有若无，那是我们全班同学学葫芦丝的剪影，刚学不到两星期，我们就将队伍浩浩荡荡地开赴到了运动会开幕式上，孩子们比我厉害，吹得有板有眼，我是典型的南郭先生，在队伍后面装模作样。这就是班级共读《少年音乐和美术故事》的小小成果。

我班孩子梦想多，有想做比尔·盖茨的，有想攀登月球的，有想做大人物的……不一而足。近来又开始做作家梦了，为了孩子们的梦想有个落脚的地方，我班推出《小顽童周报》，一周一期，从初稿到初改再到精改，直到最后打印成文，接受大家挑刺，忙得不易乐乎。才出四期，有的同学就因为稿件被刊用三篇而升为“作文新苗”了，从我们的周报诞生之日起，有的同学就下定了荣获班级诺贝尔奖的决心呢！

我班侦探多，悬案也多。有一次，一个同学的课桌里突然冒出几十支笔来，案情一公布，我班几个侦探浑身血液沸腾，铆足劲儿的要侦察出个子丑寅卯来，我也在班上大开动员会，把论功行赏的条款隆重推出，那阵势比开庆祝会还热烈。没想到几天过后，侦探们偃旗息鼓，收集的证据和推理都因为不得结果而不了了之，案件成了无尾案，恶作剧的主人好好地被震慑了一回，好久没有再出手。我曾经写过一篇《这还是孩子们的笑声吗？》，这篇案例因为以一种等值惩罚的手段巧妙地对学生进行了教育，得到了魏智渊老师的评点，所以，我逐渐有了面对班级中即使错综复杂的案情，也能从儿童的角度出发，追溯教育的价值。

我们班的孩子从二年级开始写日记。那时我教数学，也用日记和同学们交流。二年级结束了，我把孩子们的日记精选后编成一本书，取了一个名字叫《粉色童年》，把孩子们的天真活泼的笑脸印在封面，然后我们编印了六百本，三年级开学一个月后，孩子们走上街头，推销自己写的书。孩子们与陌生人交流沟通能力在这次活动中得到很大提升！后来，我们每年出一本书，每年由孩子们上街推销，最后孩子们都成了较成熟的推销员，特别是我们班的好多故事经过他们向市民的不断言说，激起了很多家长和孩子对新教育的美好向往。

我不仅在教室里折腾，还联络家长把活动地点拉到外面开展。春天徒步，夏天捉谜藏，秋天摘果，冬天赏雪。我们去过军工所体验军人生活，我们去过“桥天下”闯关锻炼胆量，我们曾经徒步寻宝获得智慧，我们亲手和面做水饺蒸馒头炒菜品尝，我们自租音乐厅弹琴跳舞唱歌撒欢儿……

新教育网络师范学院有一门课程是共读《第56号教室的奇迹》，开始读时，我像大多数老师一样，认为这样的经济制度会让学生变得更加功利，不敢在教室实施，后来看到很多榜样教师在做，我也把经济制度纳入班级管理，我才发现，它的魅力无穷！我们班有38名小打工仔，月底还能拿“工资”。我们班不仅不设班长和班委，还让全班38名同学全部当上“打工仔”，月底了可以拿工资，干得不好还要扣工资，这就是班级实行的经济制度。

我认为，班上如果只有几个班干部管理，那么大多数同学都不会有责任意识，如果人人都有工作，大家就都会自觉当主人翁。所以在教室里，有电工、清洁工、会计、图书管理员、饮水机管理员等，还有会计负责月底给大家结算“工资”，并按照工作的难度和强度，划分不同档次的工资水平，最高的月薪100元。

随着成长，制度也在不断改进，到了六年级，岗位工作不再是竞聘，而是抽签决定，主要目的就是为了让每个同学学会干不同岗位的工作，学会做事，并且体谅他人。当然，如果工作做得很出色，就有下个月选岗位的权利作为奖励。相反，岗位做得不合格的，下个月要重复这个岗位，直到做合格为止。这样的不断完善，让学生对班级经济制度长久保持了高度的热情，班级的各项工作各负其责，有条不紊。为了让学生能享受劳动成果，每月进行一次拍卖会，让学生花“工资”买到心仪的东西。我班学生林兰斯在日记中写道：“实行经济制度以后，全班每个人都‘努力工作’，他们也知道了大人们工作赚钱是很辛苦的，还提升了理财意识，知道不购买自己不需要的东西，把钱用在刀刃上。”

在课堂上的朗朗诵读，在运动场上的飒爽英姿，在郊外活动中的张张笑脸……酸甜苦辣，嬉笑怒骂……我的教室就是这样一锅实实在在的“石头汤”。

|语文学习，核心就是阅读|

新教育的核心就是师生共同成长，过一种幸福完整的教育生活。我认为，这一切源自对榜样教师不是简单的复制和模仿，而是理解后的创造；既重视教育理论的学习，也重视教师在教室里的一点一点的实践，因为行动才能创造奇迹。

看到我班孩子们整天埋头在做习题的语文学习中，我感觉这不是语文学习的本来面目。教了17年数学的我开始改教语文，很多语文老师一学期只教一本教材，都觉得时间紧，哪来的时间让孩子们在课堂上进行大量阅读呢？这对我来说，解决办法就是加快教学进度。其实，快也不是简单的快，而是有准备的快。

比如，五年级语文学习，暑假期间，我就听完语文课文的全部录音，然后根据课文内容，揪出“伟人毛泽东”这根主线，并打通整本书的内容，将教材中读书、亲情故事等课文，与读书人毛泽东、伟人毛泽东和父亲毛泽东等内容关联起来，让学生大量广泛收集分享相关资料，在这样的收集分享中阅读到更多内容。后来，我们来到毛泽东的故乡韶山看他生活过的山村，去橘子洲头高声吟诵：“独立寒秋，湘江北去，橘子洲头……”

具体到上课方法，我是“粗线条”的教学，但也有一套严格的要求。如正确朗诵，不加字不添字并能读出语气；背诵每篇课文里面的优美段落；基础字词采用看拼音写词语、编写字谜儿歌等方法，贯穿到每日习字中等等。

对于课文朗诵，我让学生录音，然后拿到班上放给大家听，让学生找“范读”的感觉，有的学生在家录了十几篇课文后，才选定一篇拿到班上来放。孩子们都说，听自己的声音从大音箱里放出来的感觉

“真是爽极了！”

别人一篇课文上几节课，而我通常是一节课上二至三篇课文，不做那些练习题。而且学习园地中的习作平时不练习，只是要求学生每天至少写5分钟的日记，句子写通顺即可，若有特别有文采的片断，还会让全班欣赏。

我们经常会有这样的突击训练：如果突然天降大雪或班级发生了一件大事等等，就会专门用一节课来练笔，用5分钟讲要求，其余35分钟当堂写作文，即时分享，并将优秀稿件制作成班报，孩子们在班报《小顽童周报》中体验到了变成铅字的感觉，经常过“当作家”的瘾。

我们的语文学习完成了告别习题远离考试的转变。我从不进行单元考试，应考效果到底怎么样？我自己形容：“语文学习就像焖饭，常常揭锅盖看，肯定是一锅夹生饭。”在四年级期中时，学校安排全年级进行了统一单元考试，结果我们班成绩不仅是最后一名，而且还跟其他班相差甚远。我偷偷地把试卷藏了起来，没搞考后反思，也不搞试卷讲评，依旧天天让学生读古诗，看课外书，学生见老师都不着急，也就不再追问。在期末考试的前两周，我才进行了一些分单元的突击复习。期末考试时，学生们发挥强项，将学到的名句、谚语等学以致用，全班的平均分破天荒从倒数第一一跃成全年级正数第一，让许多家长都惊喜不已。

不考试，但要背诵过关，而且是大量的背诵。我们最多一节课学习过9首宋词，这样的学习，对学生的记忆力是一个大的挑战，大量的记诵也让部分学生产生畏难情绪。我就从五言到七言，逐渐增多，后来干脆把《琵琶行》拿来学习。为了激发大家的斗志，我找来学校一位会背这首长篇叙事诗的同事，并按照事先商量的计划，让她在大家面前背诵。事后还下战帖，“有谁敢在一周内挑战背诵？”没想到第二天一早，班上一名叫陈扬铭的同学就去找这位老师迎战去了，一人会背，其他人也不甘落后，不到三天，全班同学都会背《琵琶行》了。升入五年级后，全班同学又攻克难关，全部背下了1000多字的《长恨歌》。通过大量背诵及海量阅读，学生的文学功底自然见长，越来越有兴趣学语文，五年级学生写出来的文言文让很多同行惊叹。

因为改教语文，要耗费大量的精力来再熟悉文本，阅读更多的书籍，导致精力和时间不够，虽然在数学课程学习时是优秀学员，还当过一期的讲师，结果还是被网师除名了。但我依然以我对新教育的理解去学习，去用行动诠释。

前进的路上不尽是鲜花，犹豫徘徊的时候，我常常会听《无名小路》这首歌：

林中有两条小路都望不到头，
我来到岔路口伫立了好久，
一个人没法同时踏上两条征途，
我选择了这一条，却说不出理由。

也许另一条小路一点也不差，
也埋在没有那脚印的落叶下，
那就留给别的人们以后去走吧，
属于我的这一条，我要一直走到天涯。

将来从小路尽头，默默地回望，
想起曾有两个不同的方向，
而我走的是人迹更少的那条路，
因为这样的小路，才不会被遗忘。
不会被遗忘……

听到这首歌，我就鼓励自己，我要有不随波逐流的坚定，要有面对一切冷漠的勇气，要有面对一切不解的坦然微笑，要即使没有收获也能坦然地播种。因为，我只有一辈子，终身无悔只走我选择的那一条小路。

2012年，我申报了种子计划项目，成为一名冬季种子教师，在项目群中的课程分享得到很多同伴的激励，伙伴的褒奖让我信心倍增。回首从2004年接触新教育以来，我和她分分合合，若即若离导致我的成长时起时落，看到很多比我更迟接触新教育的伙伴，都已在自己的教室里开出了花，而我现在才明白“行动就有收获，坚持就是奇迹”的深刻内涵。2013年，我升级为春季种子教师，正式融入到种子教师队伍，榜样们的足迹依然成为我前进的动力，我愿意终其一生去追随。

网名：栎柯　　湖北省宜昌金东方小学

童喜喜点评

“新”有一个别名，叫“折腾”。

人们都熟悉温水煮青蛙的故事：面对滚烫的开水，青蛙反而会跳开，面对逐渐升温的危机，青蛙却会丧失性命。

还有科学家做过这样的一个实验：把一群猴子关在笼子里，笼子最高处挂着一串香蕉。每次有一只猴子爬过去摘香蕉，这一群猴子就会被冰水狂泼一番。很快，再有一只猴子按捺不住试图摘香蕉时，其他猴子就会生气地把这只猴子拖下来打一顿，所有猴子就因此避免了冰冻之苦。接下去，科学家每次换进一只新猴子、移走一只原来的猴子，很显然，每次换进的猴子都会去摘香蕉，当然，每次都会被其他猴子打到再也不去摘香蕉……如此多次重复，笼子里的猴子都是从未被冰水泼过的“新”猴子，但是，它们还是忠诚地执行着之前的规矩：对每只试图摘香蕉的猴子，进行一顿毒打。那串美味的香蕉，就好端端挂在笼子上。

在教育中，有太多条条框框，它们让人无法知其所以然地存在着，把我们的教育行为分割成碎片。让我们在教书中迷失了育人，从而迷失了自我。

在教育中，我们有多少教师，是这样试图摘香蕉的“新”猴子？起码，喜欢“折腾”的张辉玲老师，她显然已经初步尝到了香蕉的美妙滋味。

一段蕴藉力量的成长旅程

作者/第31号春季种子 宋新菊

我是一粒种子/一粒新教育的种子/我来自理想与激情催开的花儿/我无法选择我落到怎样的土壤/——富饶还是贫瘠，北国还是南方/无论把我埋得多深/我终将穿越泥土/向着明亮那方……

——《新教育种子之歌》

一、蛰伏，在2012年冬天

当2012年的春节即将来临之际，我有了一个新的名字“冬季种子”，从那一刻起，我开始了一个永恒的朝向，开始了一段跋涉的旅程。

冬季种子是寓意深埋泥土蓄积孕育只待春暖花开，就会迸发出生命的正能量，以生命最美丽的姿态萌芽生长。

那个冬季——

张硕果老师拉着我的手说：“焦作市种子教师占全国种子教师的半数，我们不仅要看到焦作团队的成长，更要有一份责任感担当团队的成长，你来负责这个团队的成长吧！”我明白肩上那份沉甸甸的责任，更为自己能在这次汇聚中勇敢的担当而由衷高兴。

那个冬季——

为了更好地担当自己肩上的那份责任，为了更好地引领焦作团队的种子成长，我建立了“焦作市种子教师群”，利用群共享的空间，将培训群中重要的公告和学习时的资料永久保存，指导着种子们一步步投入正规的学习。告知种子们“培训群里的最新动态”“作业”“作业递交统计”“优秀作业名单”“培训群每日分享要点”等，有效和“毛虫与蝴蝶培训群”搭桥联系，确保实现种子们短时间的沟通和交流……我建立了飞信，短短三个月中，共发送1859条短信。

还有些时候，我会和各县市的种子教师用电话的方式零距离沟通和交流：在种子没有递交作业时；在种子有了困惑和疑虑时；在种子想实现心灵倾诉时……熟知了种子们在家庭特殊时期的压力和烦恼，了解了种子们在教室里的困惑和拔节……

正如朱永新老师所说：生活永不完美，教育总有难题。有人抱怨，有人放弃，但总有一些人，会相信自己的双手能够擦亮星星。这样的一群人，终会默默提起水桶，举起抹布……最后，他们发现被擦亮的星星是自己，他们发现普通的生命也有微光，也在照亮世界。他们发现众人点点微光汇聚，也在书写出新的传奇。

我从朱永新老师的话中看到了他所说的——勇气、担当、责任、付出。这几个关键词是一个团队成长必备的，我们接受使命，担当责任，并勇敢地迈出了成长的第一步。

于是，开始蛰伏，在冬季里。

我在给焦作冬季种子的第一封信里这样写道：“身为冬季的种子，如何才能更好的蕴藉呢？亲爱的种子们，心中有孩子的老师会非常用心地耕耘自己的这片天地，心中有教育的老师会不断地增强自己的实力，而我们从那个值得纪念的冬天开始，就被郑重地赋予了种子的使命和生长的意义。而且只要我们愿意去做的事情，总是会挤出时间的，上帝分给每个人的时间都是一样的，只要我们愿意钻愿意挤，你的时间总是会翻倍出现，成倍利用，创造出无限的价值。”

而我，也在网师学习中，在教室耕耘中，在项目服务中，用行动诠释着梦想，用行动奔往新一年的方向！

| 二、拔节，在2013年四季 |

2012年我的年度叙事被评为十佳。魏智渊老师在我的年度叙事中写下了这样的评语：

根既然在教室里，最好的姿态，或许就是将枝蔓伸展进网师，伸展进罕台的榜样教师的教室里，去领会，一天天地领会，直到不断地豁然开朗。

2013年，送走六年级后，永爱之秋老师或许会接新的一年级吧，抓住这个机会，真正地走一轮，并以教室为根，设计自己的专业发展。

让每一步的网师学习，都成为下一步的课程开发的准备。并且在这个过程中，有计划地攻克几本根本书籍——其实是逐渐攻克几个领域。

在无边无际的喧闹中，谁学会了宁静，学会了拒绝，谁就赢得了岁月，赢得了空间。我相信，这些，永爱之秋是懂的。

是的，有了选择，就要开始自己跋涉的旅程。

蛰伏冬季，蕴藉发芽，拔节成长，绚烂整个春夏——这是我进入2013年之后心中默默希望的。也是给予自己的承诺。

这个春夏，有一段生命成长的茂盛时节，是在新教育实验项目培训群里。我留下了这样的的总结记录——

我们的培训每周一个主题，从通识到专题，我们在6位值班教师倾心传授下，朝向明亮的那方，不断点亮自己，照亮我们的教室。

截至2013年6月，我们一共提交了九次作业。因为自己负责焦作的种子教师团队，为了以身作则，无论生活怎样繁杂琐碎，我都要坚持认真完成作业。我递交了全部的作业，而且都保持在优秀的等级里。

整本书共读优秀作业，需要进新父母萤火虫大厅语音分享，在分享前我还完全不知道QQ语音，为了完成这次分享我找到我们的微机老师让他们帮助我下载安装并简单进行了操作。顺利地完成了这次分享。

分享是另一种成长。一次分享是一次深刻的梳理，深刻的反思和再思考。而且分享中我听到了来自全国各地的不同的声音，成都萤火虫义工真真爸对于我这次分享中提出的问题一针见血，让我警醒自己再次走进课堂后要怎样思考面对的孩子，和孩子们生命中的问题。

当经历了这个旅程，当走过或深或浅的脚印，蓦然回首，我还是原来的那个我吗？今天的我和昨天的我已经不同，有一种成长看不见，但一定存在着。

还有“萤火虫网络课堂”里的成长。9月6日，9月13日，9月20日……直到2014年1月17日。农历课程走完了第一次网络尝试。从第一周刚开学没有人愿意上这样的课，到学期末工作紧没有时间上这样的课，我都默默地经受了最考验人的时刻。

特别值得一记的是农历课程的小结。也许是因为网师文本课程的学习，我对诗词的解读和吻醒有了更深入的认识，穿越、吻醒、编织是带给小萤火虫们最好的课程。而这次课程中我明显看到了我的成长。在课程结束时，我把每一次课堂上穿越过的诗词重新整合带给孩子们。

于是，读虞世南的《蝉》里的“居高声自远，非是藉秋风”时，我这样编织——

亲爱的小萤火虫们，如果有一天，你能站在人生的某一个高度上，你发出自己的声音，发出生命的呐喊，请记住“居高声自远，非是藉秋风”。因为生命的声音，有自己的高度！接下来的这一次诵读，小萤火虫们心中不只是出现蝉明亮的声音，而是有了自己来自生命的感受。原来我也要发出自己的生命的声音，这样才有自己的高度！这是未来的人生的高度呀！

于是，读《秋夜曲》，共话“秋思”，我将主题这样呈现给孩子们——

秋露微，
夜已凉，
未更衣，
殷勤弄琴为谁忙？
小小萤火想一想，
深深情意，
融进《秋夜曲》
细吟唱……

于是，读“晚来天欲雪，能饮一杯无”，我这样提示——

孩子们，晚来天欲雪，能邀友人聚？

孩子们，晚来天欲雪，能品酒一杯？

孩子们，晚来天欲雪，能唱歌一首？

孩子们，晚来天欲雪，能赋曲一支？

……

就这样，时间不知不觉流淌过我们的心田，我们和一个又一个课程说再见。我相信，经过这一段课程的旅行，我们的心会变得更加丰盈，更加勇敢，更加坚定，也更加沉静。在下一个，下一个周五之夜，我们仍将诗意地行走……诗意地栖居！

三、前行，在2014年春

这个春天开始了，生命也同时有了一个崭新的开始。

这个春季，我对自己教室里的思考更深入了一些，这不能不感谢种子们在群里课程的分享，榜样的引领，带给我们直接的课程资源和最佳的课程设计思考。我们是站在榜样的肩膀上前行，我们当然看到了高度，看到了高远处的美好。

这个春季，让我印象最深刻的是种子计划的“周五之约”定为焦作完美教室叙事。

从2014年2月28日开始，焦作团队的十佳完美教室开始在萤火虫网络课堂里展示。第一次上课，选择了已经上过课的谢志红老师，这一次相对来说是轻松的。接下来的完美教室叙事展示成了我近三分之一工作的负担：周六打电话预定下一个能上课的人，周一督促，周三收发他的邮件，整理他的照片和简介，周四和他一起在YY课堂中试音，手把手地教会他怎样在网络中上课，周五全程陪同，上课前讲话，下课后总结，鼓励打气……周周如此，那叫一个累。

唯一好在焦作不缺能上课的老师。但是最缺乏的是时间：周五不能上网的，孩子上初三高三的，自己的身体实在无法支撑上课的……每一次和他们通电话，我都感觉自己在浪费他们的时间，内心很抱歉。但是，想到用焦作团队引领整个种子教师团队的成长，又感觉自己的责任很重大，一定要坚持，一定要努力挺过来。每一波疲惫、每一次懈怠的时候，我都会告诉自己：坚持，再坚持，一定会坚持到最后一个人。

是这样的坚持下，3月5日起党玲芬、薛艳萍、杨林娜、齐加全五位老师的分享，让全国的种子教师看到了焦作团队在缔造完美教室方面的努力和实践，我们用行动提交了一份完美的答卷。

而这些文字的背后所蕴含的工作中挣扎的痛苦，思想上抉择的痛苦，咀嚼孤独、蜕变成长的那种彻骨的痛苦，又怎么可能一一道尽呢?

可我深深地知道——

如果没有这种成长的焦虑和痛苦，离蜕变就距离更远。我已经下定决心，这次旅程就要从成长的这头穿越到成长的那头。这一段温馨而热烈，蕴藉着力量，默默成长的旅程，记录着我静默而宁静的一段岁月。

我深深地知道——

如果天空没有太阳，
我们就追随月亮，
如果是没有月亮的夜晚，
我们就把
自己的心灯点亮，
我们的时间，
既短且长，
即使前面的道路荆棘布满，

我们也永不放弃成长的跋涉，
因为我们有自己的理想！
——点亮自己，照亮他人！

网名：永爱之秋　　河南省焦作市武陟县育才学校

童喜喜点评

曾经听到有人说，教师就应该是自私的群体，教育教学就应该是个体的探索。因为，教会徒弟饿死师父，徒弟的班级考得好，意味着师父的工资拿得少。

一生只懂以金钱的角度解读教师、解读教育的人，一生都不会明白何为教师、何为教育。因为，真正重要的事物，从来都是无价。

哪怕仅仅以一株植物来形容教师，那么这株植物也绝非仅仅向着大地汲取营养、朝着天空沐浴阳光、借着雨露嘀嗒欢唱。是的，这株植物必然获取了这一切。但是，它不会等成落红化春泥，而是在自身成长的过程中，本身就已经装点着世界，奉献出美好，吐露着芬芳。

所以，生命的每一段旅程，都包含着两个方面：既展示着当下自身存在的美好，也为下一阶段的成长蕴藉力量。

幸福因此绵延不绝。

原来教育生活可以这样幸福

作者/第33号春季种子 王秀珍

|一、恐惧中的坚强|

刚刚出来工作的第一年，教一二年级数学。还记得有一次同事看到我的备课本，惊讶地问我："怎么你的教案一个课时要写四大页？！"同事们以为我是认真，其实我是不懂得课堂最重要的是什么。

最可怕的梦魇是临近期末时，复习课上，一名男同学竟然把我刚发的练习试卷当着我面撕个粉碎。其他同学看到，也纷纷仿效，一时间，教室纸张纷飞。我转身跑回宿舍，伏在床上痛哭着。接下来的一个星期，我都不想走进教室，让同事帮忙代课。

这样的教育生活让我恐惧，让我觉得自己毫无办法。我自幼较内向，不懂得如何去讨人欢心。即使是面对还是一年级的小孩子，我也感觉自己毫无办法，手足无措。

有了第一年失败的教学经历，我怕了。为了不让这样无法控制的局面再出现，我耳听八方，眼观四方。听到别人议论现在的小孩顽皮了，只怕教鞭。于是，准备了一条扫帚条，打人很痛的那种。放在讲台上，有时敲几声讲台，课堂能安静一会。有时抽一抽学生的手心，作业能交齐几天。看到公开课上的花招能令学生兴奋听话，于是，也仿效着在上课时抛出这些花招，唱唱歌、竞竞赛、奖奖红旗……这些手段的使用配上挥舞着的扫帚条，一度心安，觉得自己较有能力控制课堂了。

|二、坚强中的彷徨|

因工作调动，到了中学教英语。时间在走，环境在变，开学不久的新调入教师培训，时任副校长的雷校长说了一句耐人寻味的话："现在的家长很难缠，我们要学会保护自己，不要做动手打学生的事。"接着我还听到了校内校外的很多例子，最后老师被逼得赔钱了事的，被逼辞职不干的，都有。怎么办？我问自己，怎样才能让自己控制住没有教鞭的课堂？

情况比我想象的要好，毕竟学生是中学生了，学业任务较重，也懂事多了。如果你用心教学的话，课堂上一般不会给你找茬。但在抓升学率的形势下，老师们的眼光投向尖子生的多，致使学困生越学越不懂，最终放弃学习。于是，课堂上出现了窃窃私语的，睡大觉的，管得多了，矛盾更多，只要不影响其他同学上课，大多数老师都只能睁一只眼闭一只眼。在这样的煎熬中，我观察到对学生比较凶的老师能把课堂管理得好，大声呵斥或者说些难听的话语，都能起到让学生敬而远之的作用。可我做不到这样，但又找不到自己认为最佳的出路，只能苦苦支撑着，上课前不愿走向教室，拖到正式铃声响才动身，上课时想着快快下课，好把自己的责任卸掉。

|三、支撑下的艰难|

2010年初夏，我遇到了新教育，加入了新教育网络师范学院，跟随新教育人的脚步开始啃读教育经典书籍，并开始在自己的教室里进行新教育理念的实践。2010年秋，我开始在班上进行英语诗歌、歌曲等的诵读，并和同学们的学习生活编织，慢慢地，我的心态变了，同学们的眼睛亮了。当时，我在课程帖里写道："我很清楚地记得，以前我总是对接下来要上的课有一种感觉，就是：唉，又要上课了。而这个学期，学习了新教育的理念之后，改变了自己的心态，改为从心理上认为学生的生命的无限性，从行动上开发自己的阅读课程，每天想的不再是如何让学生来学好英语，而想的是这个学生有什么优点，该如何去帮他。就是这一心态的改变，让我开始感觉教英语不再是一种煎熬，而成了一种期待，一种享受。"

在这种心态下，第二学期，我还将同学们带上了学校"五四"晚会的舞台，作为我们课程的庆典。当年八年级的学生现在都读高二了，同学们现在时常和我联系，来我家做客，和我谈心，每当我们回想当时一起走过的日子，仍然觉得那些曾被我们擦亮的日子是那么的亮闪闪。

专业道路上，一个人走是孤独的。虽然有网络上的群友一起讨论，可真正起作用的还是现实生活中自己一个人面对书本的啃读。经典书籍不是那么容易读懂的，教育教学中的具体问题还是需要具体的方法去解决。在这样的矛盾中，自己不禁怀疑自己的能力，怀疑书籍能带给自己的东西。特别是看到周围的同事大多对书籍嗤之以鼻，却又能把教育教学搞得风生水起时，我时常在心里问自己："新教育是什么？新教育能把我带往哪里？新教育是否真的值得我这样去付出？"

怀疑中仍没退出，是因为自己总被新教育中的榜样激励着，感动着。榜样们对新教育践行的投入，在教室里创造的润泽气氛，都让我向往着，让我从心底里感到那就是我想要的。可我该如何去做到？

| 四、燃烧中的幸福 |

彷徨之际，犹豫之时，2012年冬，在教育在线论坛看到了著名儿童作家童喜喜发出的"心为火种——新教育种子教师喜悦汇聚令"的帖子。2013年1月15日我发出新教育种子教师的申请，26日，收到批准回复。后进入新教育项目培训群，在群里，几乎每天都有新教育的榜样教师进行分享和引领如何进行新教育课程。这些密集的高质量的新教育一线实践经验一下子为我打开了新教育之窗，我欣喜地学习着，实践着。

开学第二周开始，周一至周四第一节语文课的前半节课20分钟，学习新的诗歌，周五进行集中复习。并布置学生对诗歌进行仿写创作或者写绘作为日记。我每天及时批改日记，按完成的质量分成四个等级，不同的等级可为自己赚到不等的班币。班币是"在经济学的天空下"活动中用到的，和日记挂勾后，大大地促进了孩子们写日记的热情。每天批改完，我把优秀孩子们的日记拍下来，传到QQ空间。下午发日记时，我还把日记中比较突出的，有创意的，描写生动的，创作诗歌优秀的，一一展示出来。就这样，一天一天坚持着。慢慢地，孩子们的热情被点燃了。诗歌仿写越来越好了，原创的诗歌也越来越优秀了，还逐渐形成各自不同的风格。有几个孩子还爱上了创作故事，甚至到网站上去投稿。得知这一情况，我第一时间在班上表扬。第二天，班上的孩子也开始在日记本上进行故事的创作，还连载呢。

2013年4月初，得知新父母研究所执行所长蓝玫老师要来我们班，孩子们高兴坏了。我引导孩子们用自己喜欢的方式来表达这种情绪。于是，日记本上诗歌、故事、写绘，百花齐放。4月22日，孩子们终于等来了蓝玫老师，一起来的还有副所长李西西叔叔。晨诵课上，孩子们用最好的状态迎接蓝玫老师和李西西叔叔，得到了学校领导和蓝玫老师的肯定。在不舍中，蓝玫老师和李西西叔叔要回去了，孩子们一拨一拨问下次来的日期。于是，这种感情又在日记中一一呈现。这些情感都是真实而且真挚的，所以，表现在文字上，显得异彩纷呈。

5月份，我们县发生水灾，有一个中学生还因此失去了生命。当我把这个消息告诉孩子们时，孩子们都意识到了危险其实就在身边，安全意识要时时有。于是，一个应时的“安全”小课程由此展开了。日记中，孩子们的眼睛不仅看到了正在发生的水灾，还把目光投向了上学路上、电器使用等方面。随着年龄的增长，知识的丰富，孩子们的个性也越来越显现出来。同学之间的小矛盾出来了。于是，我们进行了《一百条裙子》和《夏洛的网》的共读。共读时，我还要求孩子们来写“发现”日记，引导孩子们去发现身边人的优点，学会欣赏别人。

令孩子们兴奋而有收获的还有“在经济学的天空下”的活动。孩子们按照规则得失班币。在月庆活动时进行拍卖和跳蚤市场。如何才能得到更多的班币，如何通过班币得到自己想要的东西，买还是不买，叫价、砍价、成交，开心、满足、遗憾、惊喜……孩子们在游戏中快乐地经历着，体验着。

| 五、坚定中的朝向 |

2013年4月22日，新教育萤火虫韶关工作站成立。这是一个以亲子共读推动家校共建的公益项目，也是新父母研究所的项目之一。其实，为了让父母们支持和配合班级活动，并能引导孩子们在游戏中把握正确的心态和态度，我之前已经开始给家长写信。一学期下来，一共写了6封信。大多数是石沉大海，但也得到了20多位家长的回复。

在6月份，受项目群桃花仙子老师的启发，我把给家长的信和孩子们的日记结合在一起，引导孩子们写信给父母，写一写自己的收获和学习情况等等，然后让家长直接回复在日记本上。这一方式，给亲子之间的沟通创造了条件，孩子们在日记本上看到父母称呼自己为“亲爱的”的时候，那种自豪和幸福溢于言表。而且，家长因为有机会接触，也很认真对待老师在日记本上给孩子的评语。可以说，这让家校联系有了一个更紧密的纽带。

萤火虫韶关工作站的活动也启动了：从2013年4月21日“家长会”，到6月2日“六一快乐读书会”，到11月1日“快乐万圣节”，到11月24日感恩节的“因为有你，心存感激”……我和父母们的行走越来越从容。

12月18日，我给喜喜留言，希望她为元旦晚会写一些话，给缺乏大型活动组织经验的我作为坚强后盾。两天后，喜喜就写来了贺辞。那一次的活动，非常感人，非常成功。

我的这一系列做法，在办公室的老师看来，是“很有办法”，用孩子们的话来说，是“老师总给我们惊喜”。我听了，笑了。因为我背后有一个“智囊团”——新教育种子教师中的榜样教师们。

如果说新教育网络师范学院把我领入门，那么新教育种子教师项目则把我引入开满花儿的草地。我尽情地领略着新教育花儿们的芬芳，学着像其他花儿们那样汲取大地的精华，努力地，努力地向上伸展，向上伸展着我的腰身，一如冻土里的种子。

我将新教育理念中的游戏、方法带进课堂，孩子们是兴奋的，成长的，幸福的。孩子们的父母反响也好，还经常和我分享孩子在诗歌方面的天真烂漫、在游戏中的感悟收获。听到孩子们的成长出自父母之口，我笑了，笑得很满足。

因为，我的心间不再有恐惧，不再有彷徨，不再将控制课堂、控制学生当成是成功教师的标准。教了近十年的书，站了近十年的岗位，原来可以这样幸福。

就像我在元旦晚会结束当晚给喜喜的留言那样：“看到喜喜你对韶关分站的期盼和信心，我的心为之一震。从不敢做梦独自到北京，结果就真的去了。从不敢梦想韶关分站的未来，总是只看到自己的无力。我不敢言说什么，只管往前走，能走一步是一步，只因背后有一个坚定的团队！”

我的心间，充满了幸福。

网名：吕诗凡　　广东省韶关市翁源县龙仙第四小学

童喜喜点评

教育是一个脚踩大地、仰望星空的职业。所以，教师必须是脚步踏实、视野广阔的人。

博览群书，是在仰望星空，为了辽阔视野；耕耘教室，是在脚踩大地，必须稳扎稳打。只有两者兼修，才可能真正成就一位好教师。但是，两者兼具之时，也只是开始——正如追寻探索自我之路无法穷尽，好教师提升之路，也没有尽头。

新教育认为，学校应该成为当地的文化生活中心。新教育实验以教师发展为起点，意味着教师正在成为这个文化载体、活出文化的个体。因此，立足一间教室，影响学校，辐射社会，传播美好，教育大众——这不是痴人说梦的幻想，而是已经有榜样教师做到的现实。

刚刚发现“原来教育生活可以这样幸福”的王秀珍老师，已经找到了这条道路，已经在起点处，迈出了勇敢而坚实的第一步。

新教育，为你，千千万万遍！

作者/第34号春季种子 翁兴兴

| 向着明亮那方 |

2005年5月，无意中关注“教育在线论坛”，此地便成了我上网常溜达处。走进新教育，走进新世界。牢牢记住了这个新教育伟大精神领袖的名字——朱永新。同时为那些一线草根老师如此热爱学习而感动。但仅仅是感动，仅此而已。

2012年1月20日，得知新教育单独成立亲子共读研究中心，童喜喜老师成为该中心负责人，其好友李西西和荣获中国教育报“2011年度推动阅读十大人物”提名奖的新教育榜样教师时朝莉，和她一起组成了新教育的阅读推广专职团队。半年中，全国31个城市正式成立了新教育萤火虫分站，网络上直接参与者近6万人，受影响者数百万计。我渐渐有了点自己的小小想法：我能为新教育做什么？但想法归想法，仅此而已。

2012年8月我去温州市图书馆借书无意中看到童喜喜老师的《那些新教育的花儿》，阅读之后为这批新教育人而激动，但也仅仅是激动，仅此而已。

2012年9月29日参加温州“缔造56号完美教室”学习共同体，在温州寻找到了一位相同尺码的新教育人林日正老师，我感觉找到了组织。紧接着就有了两个月后的全国新教育实验海门开放周暨“研发卓越课程缔造完美教室”专题研讨会之行。11月18日的会议上，聆听了王丽君、赵素香、倪颖娟的讲座后，我发现我内心燃烧了。特别是听闻倪颖娟是新教育萤火虫海门分站站长，我就想海门一个县级市新教育方方面面都做得那么好，为什么温州不可以？于是，一种强烈的冲动，或者说是一种责任感，让我产生了一个念头：为什么我不能尽自己所能建立新教育萤火虫亲子阅读温州分站？

立刻行动！

当晚，我与新教育新父母研究所执行所长王丽君老师深入交谈了我的想法。王老师的热情和一见如故，让我更加坚定了自己的想法：不仅要做，而且必须马上着手准备筹建新教育萤火虫温州分站。

温州是个经济发达、文化底蕴缺失的城市。回顾历史，有刘伯温、谢灵运、孙诒让、夏鼐、朱自清、南怀谨等大家。如今因为温州人忙于创业，使教育变得功利性色彩浓厚。现在很多人称温州人是当代“犹太人”，是因为温州人做生意全球有名。众所周知，犹太人婴儿一出生就品尝到在书本上涂的蜂蜜，品尝书的甜味，从小养成终身阅读习惯，幸福一生。相比较而言，温州人更倾向于豪宅、各种名牌车、衣服、化妆品……显然忽视了心灵建设。虽然近几年温州市政府已经在努力营造各种学习氛围，但文化需要积淀，一时难成气候。

我作为一名从事小学班主任工作16年、学校行政工作近3年的语文老师，同时也是一个12岁小学六年级男孩的母亲，深感要想改变学生、儿子，首先要改变父母的教育理念。既为母又为师双重身份的我，想借助新教育萤火虫亲子阅读温州分站这个平台，给自己一个学习如何当一个优秀的母亲的机会，同时也提供给周围的朋友一个学习、交流并提升育儿水平的渠道，更想给温州的家长们带来新教育的理念。

|做追风筝的人|

2012年12月12日晚，我通过考核有幸正式成为全国新教育萤火虫义工。2013年1月2日全国新教育萤火虫亲子阅读温州分站正式启动。现在新教育萤火虫温州分站（QQ群217195158）群里有热衷于亲子阅读的群友四百多人，共同探讨育儿经验。

如果说是父母，把我们打造成“半成品”；那是伴侣，把我们打造成“成品”；而我们的孩子，则把我们打造成“精品”。如何与孩子共同成长，亲子阅读尤其重要。

朱永新老师认为：教育，从家庭开始。因为家庭是最容易出错的地方；家庭之路充满着无证驾驶的“司机”。新父母要与时俱进，学会与孩子共同成长。其次，父母是最容易犯错的老师；重智轻德的功利化，一卷遮百丑。许多父母只是片面追求分数，却没有注重人格的塑造，导致孩子走上了弯路后悔莫及。最最关键的是，阅读是最容易忽视的事情。一个人的精神发育史就是他的阅读史。提倡亲子阅读，是为了避免做同一屋檐下的陌生人，是为了有良好的亲子沟通氛围，是为了逐渐完善孩子精神发育史。

事实上，无论孩子在哪里，总是离不开父母的影响和父母的教育，包括在餐桌上的每一句话，包括在家庭的每一个身影，孩子都看在眼里，记在心上，最后表现映在他的行为上。所以，优秀的孩子成为优秀人才的背后总能够找到温馨和谐家庭的影子，同样，一个人形成不健全的人格，也能从家庭当中找到某些冲突和矛盾的因素。

在我们身边，已经充斥着太多这样的悲剧。留学美国的中国博士卢刚开枪射杀3位教授、副校长以及一位中国同学，之后当场饮弹自尽。著名歌唱家之子李天一钢琴、书法、冰球……获奖无数却最终走进了牢房，无不警示新父母务必注重孩子的精神建设。

作为温州分站站长，我组织义工们除了每周三晚群里线上转播全国新父母研究所公益亲子阅读讲座外，还自行组织温州分站开展了一系列公益活动，逐步传播新教育亲子阅读理念——

留守儿童问题如今已经成为七都小学一个迫切需要关注和解决的问题。4月23日是世界阅读日。在临近的日子里，相比许多父母在身边的本地孩子，留守儿童和新居民的孩子，他们的阅读氛围或许会单调、乏味。能给这些伙伴带去更多的阅读快乐吗？我们这群义工在七都侨界留守儿童快乐之家组织开展“手拉手读书乐”慰问七都侨界留守儿童公益活动。来自城市里的小义工们不仅仅给七都留守儿童带去精彩的节目，更重要的是送去赠书，把精神食粮送给这些平时几乎没有课外书的同龄人。

民以食为天，但孩子们对饮食其实知之甚少。我们又在华侨职业中学开展了少年儿童职业体验之饮食文化体验日活动。来自37户家庭的孩子与父母的欢声笑语，为宁静的校园增添了不少活力。孩子们不仅自己动手制作美食，还在义工老师的引领下分享了饮食文化阅读。低段的孩子品绘本，高段的孩子赏散文。真是物质精神双丰收！

接下去的职业体验之茶艺师体验活动也顺利开启。各色茶香，聊茶道文化，知古茶历史，行茶中礼仪。在闹市之中，寻一方静土，体味难得的清欢。茶，不仅是一片树叶，而是有故事有情感的生命体。亲子间品茶品诗，其乐融融！

让我难以忘怀的2014年元旦，温州分站的义工和特邀嘉宾、媒体朋友、热心父母、孩子们齐聚新田园小学，一起庆贺分站成立一周年。从方案策划、任务分工到节目演出，倾注了所有人对新教育的热爱，也让在场所有人看到了温州分站的灿烂前景。

这一年多来，温州萤火虫亲子阅读分站的点点滴滴，多次被温州日报、温州晚报、温州电视台等诸多媒体报道。我分别赴温州市水利局、温州市实验小学、温州市第四幼儿园、温州市电台等单位公益讲座，推广亲子阅读理念。为了新教育能惠及更多的家庭，2014年温州分站与温州市图书馆合作不定期开展新教育萤火虫公益亲子课堂，受到市民好评。

更重要的是，在这一年多身体力行的亲子阅读推广以及新教育实践中，我个人的格局被无限量打开，生命质量得到了质的提升，新教育使我得到了由内而外的蜕变。我不敢如童喜喜老师所言的那样：阅读推广对我，不是事业，而是志业。但新教育对于我个人而言是一股全新的力量，促使我稳步前行。我愿意做那个追风筝的人：新教育，为你，千千万万遍！

网名：温馨　　温州市新田园小学

童喜喜点评

为什么我不能?

人生，只需要这句话。

有这一句话，火种就会燃烧为火苗。

是的，现实的确不尽人意。哪怕不质疑、不抱怨，仅仅是罗列事实，我们终其一生都无法说完这些灰暗之处。

为什么世界会这样?我们可以向外不断追问下去。

但是，请相信我：这些追问，如果仅仅是追问，就不会有任何结果。世界会永远这样。你永远会追问。

然后，一旦我们向内叩问自我，问出“为什么我不能”时，才意味着自身真正改变的开始。

而且，请相信我：这个追问，加以行动，一定会有结果。我们就在改变世界。因为我们自身，就是世界的一部分。

每个人，都是世界至关重要的那一部分。

为什么我不能?

牢记这句话，从此不会有任何事物让我们的人生晦暗——萤火之光，来自生命。看看我们前方，早有无数文字、歌谣，把千千万万人的光明与温暖传唱。

开一朵自己的花来

作者/第10号夏季种子 王艳

|一、昨日不堪得忏悔|

在我的小毛虫班上，孩子玩踢毽子时，根据一次能踢的个数多少，分为一、二、三等不同年级。我和孩子们一起练习，开始每次都只能踢三个，每次都在小学一年级——这就像一个隐喻：我结识新教育也刚刚6年，只有6岁，正是一年级的小学生。

我今年实际年龄已经41岁，可是我觉得自己真的仅仅6岁。因为人生前面35年懵懵懂懂、浑浑噩噩而已。特别是职业生涯的前14年中，根本不知道该走向何方。

那时我工作积极刻苦，人际关系也没问题，就是业绩总是出问题。也许是记忆力患有什么疾病，我一直没办法参与教育系统的公开课、赛课、优质课，因为我没法背出我的设计稿。现在的我明白，如果我不纠结于背诵教学过程设计，也许会更好地生成一堂好课。可那时的我一直以为只有完美实现计划的课才是好课。

打击令人颓丧，不过我还是有点困惑，这些孩子怎么了？我怎么了？为什么这么努力，花了这么多时间和精力还是会这样？

改变，来自一场意外事故——

2008年9月10日教师节，我在餐馆里吃饭，一瓶酒精溅到我身上，点着了！我成了一个火人，在医院里躺了两个月。在我养伤期间，看了许多的书，其中也读了一本佛经《大般若波罗蜜多经》，从中悟出，我就如"举手菩萨"，就是度众生的老师，我并没有做到善知识，却要责怪那些需要帮助的众生，实在是大不该。

——学校离开了我会怎么样？没有了我，学校照样运转，我如同一粒尘埃，对这个世界，对这个学校可有可无。

——我不是必须的人，那作为一个教师还有什么意义？生活还有什么意义？我要过一种有意义的幸福生活！

想到这里，我在网上搜索关键字"幸福教育"，没想到出现了"教育在线论坛"。在论坛上看到那句"过一种幸福完整的教育生活"，心头的震撼、冥冥中的契合，难以言表。

2008年12月28日，我进入了新教育在线论坛。

再细细读那些文字，字字如同珠玑，似曾相识，似乎是专门说给此时的我。那一次，我痛哭流涕，似乎在为自己忏悔，同时，也开启寻找自我改变的路径。

| 二、脱胎换骨悟道归 |

新教育，开始让我脱胎换骨。通过阅读，我认识到必须一点一点寻找自己，从外在的文本，到内在的自己，才能真正理解我面对的教育。

我从参与网师的理想课堂研课开始，探索对文本的理解，对教学内容的认识。一种能力的形成都是由外向内的追寻，由外物内化为人的一部分，教学能力和教育能力也是如此，千百回的训练，方能达到内化的目的。

我尤其领悟到：语文教师的起点就在于对文本的认识和把握，阅读就是起点。周围有很多文字书读得不多，但是很会教书的人，那并不违反教育的规律，这些人读的书不是文字之书，而是无字天书，人情之书，阅历之书。可我读的书不算很多，阅历又浅，人情世故几乎为零，除了一些百科知识，心理学教育学的实战经验缺乏，之前不会教书，那是必然的结果。

越学，越觉得自己一无是处。我决定从零开始，重新开始学习教学。

2009年3月新学期开始我上班了。我的学习是从记录课堂开始的，用的是佐藤学的方法。我买了一台摄像机，开始记录自己观看的课堂和自己的课堂，而这种观照，让我多次看到课堂中的细节，观千剑而后识器，我开始看懂别人的课。几年中每次出门学习，我都用这“第三只眼”记录，避免了画面和声音转瞬即逝。

然后是阅读。此时的阅读不再仅仅是文本，而是其他能够帮助我们理解文本的文艺品评的理论，理解古诗，理解童话，理解心理、社会和政治。我的自学过程，逐渐地被新教育理想课程影响，进而我和新教育的其他重要理念也呈现出共鸣的态势。

自身的成长也让我对教材、教师、学生这三者之间的关系理解更加深刻。教材仅仅是课程的一个构成部分，课程远比教材丰富，我们利用教材，把儿童生活编织进去，叩开语言的大门，聆听、对话书写，构建着语文的丰富内容。这三者是一个完整的环境系统，三者和谐则共生循环，生生不息，如果任意一个环节打破平衡，理想课堂也就无法建立。

| 三、回首种子待花现 |

2012年2月19日，我第二次向喜喜申请种子教师，获得了通过，激动万分。2012年的我开始站在了巨人肩头，经历新教育宁波国际高峰论坛、山东淄博年会的学习，我在理解自己学习过程的同时，也理解了儿童的学习，接受了自己，也接受了儿童。

于是，课堂上的我，设定大问题，把学习的主动权交给儿童，一次又一次信任他们。我们共同约定课堂的规则，在他们犯错的时候包容，建立道德的底线，鼓励儿童一次一次超越自己。

从每天坚持写绘，从第一次确定过关标准，从日记的突破……到现在一日一过关、每日清，我们在二年级也可以做小组合作学习，孩子们也可以提出很棒的问题，也能使用鱼骨图或者是思维导图来记录关键的信息，而且出现了十四个孩子开始创作自己的书……我看到了我理想中的课堂雏形。

2013年1月6日，新教育实验项目培训群正式启动，我在担任“萤火虫之夏”（2012）义工之后，又有幸成为培训群的推动者之一，获得了更多的学习机会。培训群聚集了新教育的榜样老师和其他种子教师，更有全国各地的优秀新教育人。我在和众多新教育人的共同网络生活中，更加理解了自己。我发现，当我们自己点亮自己，真的会点亮更多的人。而且，现在我上课和以往判若两人，课堂上的我更加自信，熟悉我的听课人大为惊讶。

如今，我又和栎柯一起筹备成立了萤火虫宜昌工作站。新的生活再次向我敞开大门，新的挑战也向我迎来。

但我更是亲眼看见新的我已经萌芽，正在生长。只是，梦想的实现还是一个未完成时。我会继续把它实现并呈现在我的生命轨迹里。这是对自己的承诺，也是对小毛虫的承诺。

昨日不堪得忏悔，脱胎换骨悟道归。回首种子待花现，岁月不欺喜悦汇。

——我希望像弗兰克·迈考特在《安吉拉的灰烬：教书匠》里说的那样："唱自己的歌，跳自己的舞，讲自己的故事。"

因此我必须认识自己，完善自己，做最好的自己。这是新教育教会我的。

网名：花王解语　　湖北省校江市江口小学

童喜喜点评

当一切静下来，在那瞬间的凝固里，一个人，能够看见什么？

对于有的人来说，这个瞬间，是死亡。因此，才有那么多人浑浑噩噩过了一生，死到临头来那么一句"其言也善"。

对足够敏锐的人来说，这个瞬间可以随时发生。这样在瞬间抵达极端处的自省，其光芒足以照亮很长的路。对于王艳老师来说，这个瞬间，在酒精失火后的两个月中发生，或者说，那两个月就是她人生的一个瞬间。

只要愿意，人生任何时刻都可重新开始。

只要愿意，任何瞬间都可以开始改变一生。

站在自我的起点，走过的路，大地也许不会记得，但自己的脚一定能记得。一切都属于自己。

一家三口新教育

作者/第12号夏季种子 张建

|我|

与新教育的缘分，源于我无意中在网上浏览到朱永新老师的几句话——

“一个人的阅读史，就是他的精神发育史。”

“教师与学生是一对互相依赖的生命，是一对共同成长的伙伴。教师每一天在神圣与平凡中行走，为未来和现在工作。”

那是2002年8月。立刻在教育在线论坛注册，从此走上了一条不断自我完善的道路。由旁观，到向往，再到完全卷入——这条路，我走了十年多。

最初，是在论坛潜水，偶尔跟两个帖子；后来加入海拔五千读书会，开始尝试“啃读”，但并不投入。

真正的转折点是在2009年，我为加入网师报名而写的《我的阅读史》一文蒙干国祥老师和魏智渊老师点评，让我顿有醍醐灌顶之感。正式加入网师，于我是一种精神上的皈依。在老师们的引领下，我改变了以前随性的生活状态，开始了疯狂阅读、扎根教室，希望“过一种幸福完整的教育生活”。

2010年底，我的教室成为了网师附属实验学校的26间教室之一，而且恰巧被抽签命名为“第26号教室”。命名只是一个开始。要想不负重托，践行承诺，唯有行动。尽管自己的身体、尤其是嗓子出问题，声带小结，沙哑了近半年，但是从学校的各类活动到自己折腾的晨诵、共读、童话剧、每周给父母的信、父母读书会的筹建与培训……那一年因忙碌显得格外仓促。

2011年11月，受喜喜的感召，我着手筹建“新教育萤火虫亲子研究中心成都分站”，投身公益事业。孰料“越陷越深”，不仅担任成都站长，还担任全国萤火虫总站宣传组长，肩负着全国的项目宣传之责。

这一次，连我老公也深感惊异，常常调侃我说：“什么时候，我家张老师成了兼济天下的人了？”不仅是他，身边熟悉的朋友也感觉到了我的变化。

以前，我一直都是一个“独善其身”的人。虽然也喜欢分享和交流，但只局限于自己认为“尺码相同的人”。对于社会事务，大多数时候，我不抱怨，但也不热心投入。

可是，在新教育中接触的这些人、读过的那些书，慢慢改变着我。

这些年，我于网师受益良多，却恨自己能力有限，不能回报于万一。傅雷先生曾说，最好的回赠是施与。牟宗三先生也曾说，要对这个时代有所担当。这些话，以前会以为是大话、是空话，可是当他们进入你的内心时，才发现，这些是真话、实话！

“总得有人去擦星星，它们看起来灰蒙蒙——”我以为，这正是新教育的精神。

| 丈夫 |

结缘新教育，家里发生变化的自然还有我老公。他也是一名教师，在一所职高任教，旅游专业。前年，看见我当班主任那么有趣，他也心血来潮去申请了个班主任来当，因此和三十多个学生结缘。那个班的学生很特殊，包含了汉、藏、羌、回四个民族，来自阿坝州藏区的学生有十来个，老师们唯恐避之不及。他倒好，毛遂自荐，由此开始自己的职教“新教育”实践。

他从事管理工作多年，从来没当过班主任。所有的“治班经验”都源自自己的经验累积和从我这里得到的“启发”。每周，他向我讨要资料，然后照猫画虎，“晨诵”“午读”“暮省”，一个不差地复制。他的高中一年级，竟和我的小学一年级开展相似的课程！我们的童诗和绘本故事，他略加修改便拿去放给那些十六七岁的学生们读。《花婆婆》《爱心树》《犟龟》《大脚丫跳芭蕾》……或许是经典童书超越年龄的隽永，或许是那些孩子缺乏基础的渴切，最终效果还很不错。

“网师电影院”推荐的电影，他比我还着迷。他说，这些孩子没有从小养成良好的阅读习惯，看电影，正好可以弥补一二，所以，他利用学生们晚饭后的空余时间，在学校多媒体教室放给他们看，一起欣赏、讨论《放牛班的春天》《美丽人生》《死亡诗社》《生命因你而动听》《肖申克的救赎》《阿甘正传》……

一部部电影、一个个绘本故事，慢慢浸润、柔软了这些大孩子的心，因此学生跟他的感情也特别好，信赖他，服他，爱他。他不仅见证、还亲身实践了新教育的这些理念和方法带来的奇迹，看到新教育怎样以一种温和的、愉快的方式改变着一间教室的气息。

所以，老公常常感叹：“和你教室里的孩子相比，我们那些大娃娃更需要关爱。他们在小学和初中就饱受打击，以学业失败者的身份走进来，最欠缺的就是自信、热爱和希望。”最后，他往往还不忘加上一句：“所以，我们职教系统更需要新教育！”

2012年2月13日，朱永新老师来成都为校长们作了题为《过一种幸福完整的教育生活》讲座，那是我和老公第一次见到朱老师。朱老师所讲的内容，对于追随新教育已久的我们来说，其实早已熟悉。现场真正震撼我们的，是朱老师宽厚质朴的人格魅力。

自那以后，我的老公也成了朱老师的“粉丝”。每天早起第一件事，就是收听并转发朱永新老师为萤火虫所做的“新父母晨诵”，热情地向身边每一位家有学童的朋友推荐萤火虫，还不停激励我说：“萤火虫真是太及时了！我们身边好多朋友自己就是老师都还不重视亲子教育，这事儿做好了功德无量，你一定要好好干！”

|儿子|

不得不提的是，我践行新教育，儿子是最大的受益者。

虽然我一直是自发参与实验的“个体户”，缺少许多行政上的支持，却也因此少了一些羁绊，更为自发、自主。每一次晨诵、共读，我都会在头天晚上先给小家伙“试讲”，听听他的建议。因为妈妈的这份“尊重”，他十分乐意“协助”，在不知不觉中被新教育的课程浸润着，读了大量童书，阅读和思考的质量都在慢慢提升。他上四年级时，我开始网师的学习，便常拿网师的课程来和他一起探讨，我们一起读完了《苏东坡传》《论语今读》和《苏菲的世界》等。虽然似懂非懂，却也乐在其中。

看到妈妈每天的工作这么有意思，小家伙幼时最大的理想，便是长大当一个像妈妈这样的小学老师。今年小升初，他因成绩优秀被市内一所名校录取，快乐童年和应对考试竟能“一举两得”，确是意外之喜。

最有趣的是，看到我的儿子的成长，学校里的好多同事也开始关注新教育了……

十多年前，我怎么也不会想到，与新教育的邂逅，会改变我们全家人的生活。

但是，结缘新教育，我家里的每一个人都在悄悄发生着变化。我时常满足地想：这，就是幸福完整的生活。

网名：水心云影　　成都市青羊区二十一世纪小学

童喜喜点评

在喧嚣尘世中，人们艰难地创造了家庭。人们将其称为避风港。但是，如果家庭只是避风港的纯粹的停顿，将会把生活从宁静的幸福演变为呆板的重复。

所以家庭还应该是加油站。应该为其成员补给身体与精神的双重营养。在这个意义上，新家庭教育，绝不仅是针对孩子，也不仅是父母和孩子一起成长，而应该体现为一种更广阔、更开放、更以小见大的形态。

如张建老师与丈夫、儿子的互相影响，到了最后，其实已经不能再清晰分辨谁才是这个家庭的“新教育代言人”。

这种以物质为基础、以精神为导向，立足家庭、耕耘本职、面向社会的家庭生活，本身就是最好的教育。

种子的梦

作者/第04号秋季种子 赵素香

|迷茫中，我也曾有过努力|

去年，我在班里养了几盆吊兰和一盆不知名的植物。这盆植物五角型的叶子油绿油绿的煞是好看。可是，到了冬天，植物枯萎，一个孩子不小心打碎了这个花盆，我把花盆里的土培到一个个吊兰的花盆里。这盆植物就彻底无影无踪。

第二年的春天，吊兰纷纷抽出新芽。清明节三天过后，我突然发现：一个吊兰的花盆里长出一株10厘米高的小苗——正是消失的那株无名花草的小苗哪！我惊喜地大声告诉孩子。我兴奋地含着泪花讲给家长。

是呀，只要有那么一粒有生命力的种子，无论生长在贫瘠还是肥沃的土地里，还是在寄人篱下的花盆里，早晚有一天它会发芽，它会给世界一个惊喜。

每一棵草都有开花的心。平凡的我也曾梦想着在教育事业上能开创一片如花似锦的天地。1992年师范毕业后被分配到马村区工小村小学，参加工作至今一直从事小学语文课教学及班主任工作。刚毕业时的几年，像老黄牛一样孜孜不倦地耕耘在教育园地上。在应试教育的指挥棒下，阅读参考书、查找资料、备课、批改作业，利用课余时间辅导优生、差生，占据着我的绝大部分时间，几乎无暇来反思总结自己教育教学的点点滴滴。久而久之，学生的学习成绩提高了，得到了家长的认可，不知从何时起，家长愿意挑选我的班级让孩子就读。而我自己在欣慰的同时却有一种疲惫不堪、黔驴技穷的感觉。我陷入迷惘，我甚至开始怀疑自己的教育教学能力，怀疑自己是不是并不适合做教师。

1996年全区小学语文开始了“注音识字，提前读写实验”，这是寓识字于读写之中。那一届学生在入学一个月后就开始阅读，孩子的阅读量有了很大的提高。但是我发现一个重大问题，一个月的拼音学习训练之后，入学一个月虽然学到了一项技能，但学生学习兴趣全无。这项实验在轰轰烈烈之后便无疾而终了。从这项实验中我认识到了大量阅读对一个孩子成长的重要性，也就是从那时起，我所教的语文学科开始名列前茅。现在回想起来，那时的阅读没有计划性，缺乏专业性指导，当时只要有书我们就读。虽然只是读读，孩子们却已经明显与众不同。

2003年，渴望成长的我，恰逢市教科所提出了“科研兴课”“科研兴校”的教育理念，我们学校要求人人有课题，想通过用教育科研这种形式改变教师的行为方式。我参加了“小学生阅读习惯的培养”和焦作市重点课题“培优辅弱实验”这两个课题研究。后者是通过写教育随笔走进学生的心灵。写的过程中我觉得自己的语言有些苍白，更促进了对阅读的酷爱，此刻阅读与写作好像就要接轨了，但是现在想来依然是那么的浅薄——写就是为了完成每天一篇的实验任务，读也是因为写作时山穷水尽找点水源而读。其实校长并没有选我做“培优辅弱实验”的教师，我是看到实验资料之后特别感兴趣，在一个被校长指定实验教师的抱怨声中接过实验。她解脱了，我如愿了。我根据实验要求，以一个孩子为研究对象，每天记录孩子的成长持续一年。于是，我养成了写日记的习惯。可我还是觉得少点什么——现在，我才明白是缺乏专业书籍的阅读和专业的引领，使我自己脱胎换骨明白这一点的是2007年与新教育相遇。

|坚持，才有奇迹|

2007年5月，在张硕果老师的带领下，我们焦作一行三十多人踏上了追寻新教育之旅。我们来到了山东金茵小学，见到了干国祥、马玲、常丽华，第一次感受到了新教育团队对教育的热爱，对儿童阅读的重视。那时我就在想，这才是真正的教育，是我苦苦寻觅多年的教育——让师生过一种幸福完整的教育生活。尤其感动于常丽华老师，她和孩子们编织了教育的童话《小飞侠彼得潘》的精彩演绎，让我第一次知道还可以如此地阅读：常老师带领学生一年多竟读了365首儿歌，300多首童诗，共读了80本绘本，并且能通过一份份便笺，和家长一起为孩子编织一张美丽的网，共同呵护孩子成长。

看到常老师的一张张便笺不禁羞愧不已，同是教育者，差距怎么这么大呢？我从来不知道还可以如此做教育，教育还可以如此美丽！会议结束后，我在临淄一家不大的书店里买下了干老师、常老师在报告中提到的书名，和我请马老师介绍的书籍……我在新教育路上，迈了一大步。

我无法用短短的文字来描述新教育给我带来的改变，也无法一一回顾这些年来新教育给我带来的许多额外奖赏。特级教师、河南省先进个人、河南省骨干教师、河南省学术技术带头人、焦作市功勋教师等荣誉，不断涌向我。在很多人眼里，我成为了一个成功者。我不愿意背负名声的压力，我也曾经坚决拒绝了“河南省十佳最具成长力教师”的参评，我对大赛评委、也是我的新教育领路人的张硕果老师说：“我现在就想考个好成绩，来回报新教育，回报你，我觉得你太不容易了。”

是的，我最喜欢的，是当老师。我最高兴的，是和我的学生们、家长们一起开展新教育。所以我最应该与大家分享的，是我在开展新教育实验最初遇到的挫折。

万事开头难，何况一场实验？记得在我开始新教育实验时，有个别家长不愿意和孩子共读，不愿意给孩子买书。我因此受到误解，当时非常委屈，心情非常不好，甚至对实验也充满了恐惧。

2008年的2月24日——那个我永远都不会忘记的日子。那天下午，我接到一个学生家长的电话，她说有位家长向教育局打匿名电话，举报我向学生推荐课外书，让我有些思想准备。

我一下子愣住了，眼泪不争气地掉下来。放学之后，我骑着自行车飞一样往家里逃。我失控的情绪把女儿吓坏了，也把先生吓坏了。先生一边帮我擦泪一边关切地问：“怎么了，慢慢说。”我泣不成声地把这件事告诉了先生。先生安慰我：“不要哭，是不是误会了。或者自己的节奏太快了，家长适应不了。”

教育局督导要来学校调查，让我一连几天都无法控制自己的情绪，于是在帖子上写下了《我想知道你是谁》：

当我踌躇满志地站在讲台上时，
当我和孩子们一起在美妙的故事中畅游时，
我想知道你是谁！
当凌晨我还在给督导办写说明材料时，
当需要70个孩子来证明我的无辜时，
我想知道你是谁？
当我需要谷维素维持我正常生活时，
当我心中希望的焰火渐渐熄灭时，
我想知道你是谁？
当我听到家长送上的《感恩的心》时，
当女儿问我为什么爱二五班孩子多，爱她少时，
我想知道你是谁？

我在QQ里给硕果老师写了一封长长的信，在信里把这件事告诉了她，也倾诉着自己的委屈。因为我感觉很窝囊，当时我只是以一个网友的身份给张老师说了这件事，根本没有留自己的名字。就是不做新教育实验我也不会损失什么啊！我想。

没想到，就在第二天，我就收到了硕果老师的回信。她说："这样的事情出来难免会让人心里不快，首先反思一下在实验中是不是有点心急，对不同的家庭和学生提出了一样的要求，有一部分家长和孩子还没有形成良好的读书习惯，所以可能感觉负担太重。再者是否坚持和家长进行短信、书信、家长会的沟通和交流……"

后来，在区纠风办的工作人员来学校调查此事时，我就从自己在班里开展新教育实验的第一次家长会，谈到了亲子共读、师生共读，谈到了我们快乐二五班的班级主题帖，谈到了专家对实验的引领，谈

到了孩子和家长的改变……一边说，我一边展示了一封封写给家长的信，一本本学生的写绘作品，一次次家长会的记录，一条条家长的回复……

纠风办的同志静静地听着。我讲着，哭着，哭过再讲。那天他们一直听我讲到了中午一点多，午饭都错过了。

最后，纠风办主任只说了两句话：我的孩子的学校怎么没有开展如此好的实验呢？我的孩子怎么没有遇到这样的老师呢？

听到这句话，所有的委屈顷刻间都烟消云散。

那天下午我如约召开了家长会。家长会的主题是“回顾展望”，我和家长们一起回顾了我们所走过的毛虫之路，展示了孩子的成长，也给家长讲了我们实验的未来。会上，我把谢尔的《桥》带给了家长。

何不与我同行，
一起分享那弯曲的小径，
我会给你讲述
我所知道的神秘世界。
但这座桥只能把你带到半路——
你必须自己走完剩下的几步。

是啊，这座桥只能把你带到半路，孩子的教育如果没有父母的支持和参与无异于无源之水。会上，不知是谁又提到了告状的事，我伤心地哭了。张翼飞的妈妈站在我身边，一边递上纸巾，一边哭着告诉我：“赵老师，不要哭，你看我们都在支持你”。我不敢往讲台下看，因为我听到很多人都在啜泣，教室里除了哭声，就是质问声：是谁在伤害我们的老师？

按照惯例，家长会结束时我都要向父母们征求对实验的建议。结果60多位父母都在捍卫着新教育实验。我还发现了一张与众不同的便条：“老师您好！我一开始真的有点不赞同，您让孩子买那么多的课外书。也是我没什么文化……不过，以后知道了，您给我上了一课。我以后也会支持买课外书，也会认真和孩子共读，写读后感，给孩子签好字。”

这段话语句不通，里面还有很多错别字，但是我发现从头至尾这位家长一直在使用一个词“您”，我知道他是谁了……

融化一颗心需要多久？也许一个及时的家长会就能够了。会后我在帖子中写下了《我不要知道你是谁》：

当我看到其他家长义愤填膺指责你时，
当我看到你的孩子上课把小手高高举起时，
我不要知道你是谁！
我怕看到孩子就想到你，
哪怕是自己眼底的那一抹忧伤
我怕被孩子看到。
我知道你是谁，
但我不要知道你是谁！
当其他家长都想查查你到底是谁时
我真的不要知道你是谁！

|心为火种，熊熊燃烧|

既然选择了自己的理想，既然已经迈出了坚实的第一步，哪怕再艰难还得靠自己一步一步勇敢地走下去！

这件事情发生在最初。如今，焦作的新教育实验由自发到行政推动等等改变，对我毫无影响。因为在我的教室里，我已经由儿童课程的实施者，成为儿童课程的自主研发者。我的内心，我的教室，我的家长，我的同事，我的朋友都已经高度认可了我的新教育。

哪怕如此，我自己还是没有想到，我的这条新教育之路，越走越宽广——2011年，我遇到了那个叫童喜喜的人；2012年，我有幸成了一名种子教师，在走进网师后又与萤火虫相遇……

成为种子教师后，我在新教育实验项目培训群里将自己多年的实验经验和教训与大家分享；也在群里汲取每一粒种子分享的经验。每天当我打开手机，打开电脑的瞬间，摇动的小企鹅把一条条信息送入我的眼帘，足不出户便知天下事。这种便捷的学习让我在第一时间把最好的教育与资源传递给我的学生和他们的父母。

遇见萤火虫之后，我筹建了萤火虫焦作工作站。这一次，由学校教育的独自行走到新父母教育的积极参与，我们这群萤火虫义工由校园飞向家庭飞向社会。在网络上，我引领着我们的孩子走进焦作站QQ群，走进萤火虫讲座大厅，我们在yy语音的网络教室里畅游，在教育在线论坛上汲取营养。

我们焦作萤火虫的亲子共读活动影响越来越大，直到有一天，我给童喜喜留言：“亲，当图书馆负责人找你，请求咱去他那里活动，请求当咱活动基地，那是什么感觉？美！”把童喜喜乐得哈哈大笑。

是的。我开心极了。我永远不会忘记2012年焦作萤火虫第一次线下活动，为了找场地我绞尽脑汁；不会忘记我和老公商量横幅的内容，连夜到复印部做横幅，早上又站在复印部门口等取；不会忘记为了每个孩子能坐上凳子，老公从家里搬来凳子；不会忘记，在一半是绘本，一半是卖服装的十多平米的绘本馆活动；也不会忘记，一个又一个可爱的义工，不仅拖儿带女，而且带着婆婆，拉着老公，大老远赶来参加活动……如今市图书馆马上要成为我们萤火虫的活动基地了！这怎么不让我欣喜若狂？！这是对我们萤火虫焦作团队近两年来工作的最好认可！

曾经我是一粒种子，一粒想要发芽的种子，一粒梦想花开的种子。那时的我，专注于自己脚下的土地，眼睛只盯着身边的孩子。一位父母的告状电话几乎毁灭了我。

如今我是一粒种子，一粒炽热的火种，一粒渴望燃烧的火种。这时的我，走出教室，走向社会，因推动亲子共读而服务于更多普通的父母们、孩子们。这时，开阔的视野却反哺了我的教室，让我的教室工作做得更加得心应手……

我只是一粒种子，一粒有梦的种子：心为火种，点亮自己，照亮他人。

网名：莞尔　　河南省焦作市马村区工人村小学

童喜喜点评

看到榜样教师，最常见的误解是：他（她）怎么那么优秀那么强大？我不行。

其实对于所有人来说，喘息是必要的，停顿是常有的。不要怕。生命中肯定会有一些时光，要用于一些特别的经历。

对于所有人来说，最不能忘记的是回望内心。想想这一生希望怎么过？正在怎么过？应该怎么过？不要得过且过。对于所有人来说，突发事件是回望内心的重要时刻。而处理突发事件的方式，则是决定命运的过程。

坚定，因为有理。从容，因为得理也可饶人。

认真不易，认真坚持更不易。不坚持，则认真也不过行百里者半九十。

一旦坚持下去，我们会看到一片自己都不敢想象的风景。那里果然是：兰生幽谷，不为莫服而不芳；舟在江海，不为莫乘而不浮；君子行义，不为莫知而止休。

附录一　项目负责人叙事

在网中成长

作者/蓝玫（第二任项目负责人）

我的父母都是地道的山村农民，对我走上讲台，他们很欣慰。父亲在我参加工作之初只对我说了一句话：“好好教书，对得起孩子，对得起自己的良心。”

我努力想做个好老师，可经历与看到的一切却往往让我无奈地感到，老师的命运其实早被写定：用一本薄薄的教材，耗上学生几个月，目标是完成考卷上一个区分学生好或坏的分数；用一篇无法断定是否经典的文本，耗上几天、几周甚至几个月的时间来“打磨”，目标是一纸供人衡量教师好或坏的证书。就这样，日复一日地重复，直到某天带着满头白发和早衰的身体告别这个舞台……

我在努力，可收效不大。这样的环境中，我越来越愤懑不平，也越来越感觉到自身无力。现实就像一张无形的大网，束缚着我。

2008年的冬天，我参加联合校的一个共读活动，活动中有位老师和孩子们共读了一本名为《夏洛的网》的童书，对书中故事进行探讨。这堂课激发了我对这本书的兴趣，活动后我马上找来书自己读了起来。

故事并不复杂：小猪威尔伯和蜘蛛夏洛是好朋友。当威尔伯不可避免地要走向它一生的终点时，夏洛英勇地站了出来。夏洛在蛛网上织出了一些赞美的字样，从而使威尔伯在展览会上获胜，并最终活了下来。夏洛在剩下最后一口气时，为威尔伯编织了最后一个奇迹，最终拯救了威尔伯。

看过这本书后，夏洛对威尔伯所说的一段话，时常不经意间在我脑海里浮现：“你一直是我的朋友，这件事本身就是一个了不起的事。我为你结网是因为我喜欢你。再说，生命到底是什么啊？我们出生，我们活上一阵子，我们死去。一只蜘蛛，一生只忙着捕捉和吃苍蝇是没有意义的，通过帮助你，也许可以提升一点点我生命的价值。谁都知道人活着该做一点有意义的事情。”

我出生，我活上一阵子，我死去。我要怎样活，才能让这一生不虚度？我自己也没想到，我会因为一本童书，开始思考这些问题。

我的生命，就是和学生嚼这几篇课文、讲几节课、得几张奖状吗？如果不是，那我活着又是为了什么？谁是我的夏洛，为我编织出生命的网？我又是谁的夏洛，能为谁奉献出怎样的网？我心中不停叩问自己。

表面上，我与之前并无不同，可因为这些问题，我似乎渐渐脱离了那张困扰我的外界之网，而将视线转向了内心。就在这种反复叩问中，我一不留神陷入了另一张网——网络世界。

2009年3月份，看到我不停地在“新课程网络教研室”听课、参与评课，我的一位同事介绍了“教育在线”网站给我。开始的时候，我也只是浏览——类似的网站太多了，而噱头更多。所以，尽管我加入了网站中一个名为“海拔五千”的读书会，但只是漫不经心地跟着读几本书、偶尔参加几次讨论而已。

直到几个月后，“海拔五千”读书会升级为“新教育网络师范学院”（简称“网师”），并发布了一个题为《寻找尺码相同的人》的招生简章。其中写道：

> 新教育的尺码是：
>
> 虽同样身处浮躁的时代，但不肯放弃早已被许多人弃如敝屣的理想，而是始终怀着一颗真诚的心，勇于承担身为教师的责任，在自己或者希望在自己的教室里，守护着最初的纯真愿望；
>
> 追求真理，求知若渴，愿意亲近那些真正伟大的书籍，尤其是那些能够帮助我们理解教育、理解人性，解决问题的专业书籍，并且甘心承受一次次的“打击”，勇于不断地自我否定，将专业修炼视为终身之事；
>
> 希望自己的生命经由教学，经由学生的成长，而不是经由公开课、论文、职称评定等获得意义。

我不敢说自己所有的“尺码”都相同，但最后一句话，却让我在瞬间潸然泪下……我自觉一直在努力，仅想得到应有的肯定。当这都成为奢望时，我的确越来越愤愤不平。但这句话，点醒了我——真正能肯定我的人，是学生！

因为这则招生简章，我开始爱上了“教育在线”。幸运似乎开始降临到我头上：我以“海拔五千”读书会成员，顺利转入网师，成为网师的正式学员。网师需要我提供的，是填写一张报名表格、上交一份不少于3000字的“个人阅读史”文章。于是我打开书橱的门，将自己读过的书统统罗列起来，拼来凑去，好不容易凑够了规定字数交了上去。

可是，通过对网师教务长铁皮鼓老师所著的《构筑合宜的大脑》一书的学习，我才明白为什么网师只要阅读史，而不要论文——正如朱永新老师说的“一个人的阅读史，就是他的精神发展史”，写作阅读史的意义在于，让我们明白自己知识结构上的欠缺，从而主动查缺补漏。万分惭愧中，我重新梳理自己的阅读史。这一次没有拼凑，我敞开心扉，居然一口气就写了7000多字。这7000多字，对别人而言只是一篇浅陋的文章，对我自己来说，却是对自己的人生、精神生活进行了从未有过的认真梳理。

很快，我收到了批准的消息。得知成为网师正式成员的那一刻，我的兴奋甚至超越了当年改变我这个农村孩子命运的师范录取通知书！我隐隐感觉到，凭借网络、凭借网师，一份全新的生活，正在为我打开大门。在网师开学典礼上，我写下了这样的话：“因为深知遮羞的面纱越厚，灵魂越是无法真正见到阳光。所以我选择撕碎它！走进网师，痛着享受另一种充实的快乐！努力做最好的自己，以求给学生最好的明天！”

网师，成了我的夏洛之网。

加入网师，为此所写的阅读史，让我通过梳理，重新审视自己、反思自己所做的事情。

我一向自诩还算好教师，可是，我真的成为我梦想中的自己了吗？我想起小龙（化名），就像想起心尖上的一根刺——他聪明机灵，学习一直很不错，小学六年都在前十名。他唯一的毛病就是上课自制力比较差，一直到他毕业，我都没能彻底帮他改掉这个坏习惯。结果一上初中，他因为一次上课吃零食，被老师勒令坐到最后一桌。本来个子就矮，加上视力不好，不到一周，小龙就彻底变成了一个问题孩子，没上完初三就辍学了！

如果我当时能够不以分数论英雄、关注到小龙性格的缺陷，将更多精力投入到对孩子性格的塑造、人品的影响这些基础上，不就能避免小龙这样的悲剧吗？回想这些，我真是惭愧万分，关于那些别人如何待我的心思，越来越少。

网师开学，我一口气报了第一学期的所有课程，开始漫长的“啃读”之旅。

我一直觉得自己是个爱读书的人，可是进入网师，才发现自己根本不算个真正的读书人！我以前读的，多是文摘类的刊物。而网师学的，是一本本厚厚的专业书籍。网师推荐的书，即使借助在网师课堂上讲师的指点，也并不容易真正进入。那种阅读的艰难，实在无法用语言形容。

但是，网师的标志是蜗牛。因为世界上只有两种动物能到达金字塔的顶端，一种是雄鹰，一种是蜗牛。我完全是凭着一种倔强在网师读书的。

还记得读《中国哲学简史》时，有一天，弟弟、弟媳带着我唯一的侄子来看我了。侄子小时候是我看着长大的，跟我感情特别好。以前不管有多忙，只要这个小东西一来，我一定会扔下手头所有的工作任他腻在我身上撒娇。可这一天却是我准备梳理整本书，一气呵成完成作业的时候。我简单嘱咐了弟弟和弟媳，让他们带孩子在客厅等我，就回头扎进我的作业里。他们从上午9点等到中午，直到弟弟再不敢相信我“再等一会”的敷衍，就和弟媳亲自下厨房做了午饭。我端起碗匆匆吃了几口，就又写作业去了。侄子问妈妈：“妈妈，姑姑不欢迎我了啊？她都不理我。”我喊了声：“宝贝乖，再等姑姑一小会儿啊！”这一小会儿，就到了下午5点。弟弟和弟媳心疼地说：“姐，你这么干活，还要不要身体了啊？”我笑了笑。虽然很累，但说实话，心里真是痛快极了！

我用蜗牛的速度，一句、一段地“啃”着这些书；把讲师的指导一段、一篇地反复品读；结合自己的实践反复回味、琢磨……大约在半年后，我觉得自己如同从一个混沌的世界，渐渐看到一缕曙光。

网师之外，我开始运用所学，在自己的教室里，摸索着开始进行儿童课程的实验。

我所在的学校在城郊结合部，位于一个小村子中。而村里重视教育的父母都把孩子送进城里学校，我班上的学生父母基本都是外来务工者、附近小摊贩等等，家庭教育严重不足。如果没有网师的学习，我肯定不会为这样的学校感到骄傲。可现在我将所学知识用到生活中，是种奇妙的感觉。感到在课堂上逐渐从容自如、在教学中逐渐得心应手，能够明确感受到自己的成长，实在是自己能给自己的最美妙奖赏！在这种心境下，我看待周围的一切，都愉悦起来。而周围的人们也逐渐给了我更多肯定。我的生活竟然因为网师而走向了一个良性的、阳光的循环圈——网师，就是我的夏洛之网！

更让我兴奋的是，我从教室里一个个幼小生命的苏醒、成长上，看见了自己的价值。成长最迅速的是一个女生，她入学时性格极度内向、基本一天都不说一句话、不回答老师的提问，当然也成绩平平。但是，我每周写家长信，她父母都看、都听，沟通取得了很好的效果。在她父母的充分配合下、在儿童课程的滋养下，她一年后能落落大方地演出童话剧，作文获得了全市一等奖……我和孩子们成为共同进步的伙伴，甚至将不少父母们都卷入了教育共同体中，我越来越清晰地看见：作为教师，我不是教孩子认字、读书。我可以而且我正在努力为孩子们、为一个个贫寒的家庭编织着夏洛之网。这，才是我这样一个普通老师的价值。

加入网师已经三年了，我也从一个普通学员成为研课主持人。网师成为我生命中的夏洛之网，而每个人的夏洛之网，又各不相同。无论如何，“我们出生，我们活上一阵子，我们死去”，我们总要做一点事，让此生不白白度过。

网名：蓝玫　　北京新教育实验学校

童喜喜点评

生命时常会有偶遇，但我们遇到的每一点，都会以我们的行动连接，最终编织成我们生命本身。因此，在现实的确是一张困人、缠人、消磨人的大网时，我们如果能换一种心态去看这张网、奋起编织另一张网，平凡如我们，也能找到自己存在的价值。

我和新教育这些年

作者/张硕果（第三任项目负责人）

生命原是一场编织，那些因为种种原因走进我生命中的人和事，就像经线和纬线在相互编织中印证着自己这一段生命的存在。哭过，笑过，感动过，幸福过，很多时候都是因为这些人，这些事。

这些年，把我生命中最重要的那些事、那些人组合为一个词，就是：新教育。

|1|

2007，随着工作的调整，当时的我已经成为市教科所一名专职的科研人员。一次偶然的机会，我赴贵州省遵义市凤冈县参加了灵山——新教育贵州支教行动，深刻的影响和改变着我的教育生命。在那物质环境贫瘠之处，越发凸显出精神生活的美妙，我突然发现，原来教育也可以美得如此令人陶醉。这正是我想要的一种生活。贵州回来之后，做一粒新教育的种子成为自己最大的愿望，我义无反顾踏上了新教育推广的道路。

“把自己打碎，像土粒一样地打碎，这也许是泥土成为花朵的唯一可能。”那段日子，我真正理解了干老师这句话的含义。

对我来说，偶尔也会开会布置工作，但很少会去下文件，因为担心用文件来落实文件，用会议来贯彻会议，最终会错过那些成长中的孩子和老师。因此，更多的时候，我还是选择了一种行走的方式。我让自己一切归零，从高三历史课的讲台走上了小学二年级的讲台，在一场场讲座中，在一首首童谣中，在一个个绘本中，我和孩子们分享着童年的味道，我向老师们演示着教育的另一种可能。

有人热血沸腾，有人半信半疑，有人开始行动……渐渐地，一部分老师慢慢汇聚到我身边，形成了我们最初的团队。

随着团队的成立，我的手机成了热线。

“……我要讲一节新教育导读示范课，我不清楚导读课是否得用一整节课？应该有哪些环节？”

“……我根据教材内容，在校讯通上写了几篇数学童话故事连载，有空的话可以看一看。苦于找不到适合孩子们读的数学阅读书，所以试着写了一些，请您指导。”

类似的短信不计其数，成为我生活的一部分。几乎每天，我都要和一些认识或不认识的老师们进行这样的交流。但我乐此不疲。

我一直坚信，对于一个孩子来说，遇上怎样的老师，就会遇上怎样的教育，有时候，一间教室对于孩子来说就是整个教育。如果不能在个体层面上最大限度地培养孩子，至少在群体层面上要最小限度地戕害孩子。现实的教育总是不能令人满意，但并非没有生长的空间。当我们无力改变周围的世界时，唯一能改变的就是自己，但当我们真正改变了自己之后就会发现，周围的世界也因此而改变。有的时候，我们需要做的就是用一朵云推动另一朵云，用一棵树摇动另一棵树，用一个灵魂唤醒另一个灵魂。

在这样的行动下，不仅孩子收获了，老师也收获了。赵素香、常瑞霞、赵莉莉、党玲芬……一位位榜样教师成为人们关注的焦点。特级教师、河南省最具成长力教师、焦作市功勋教师……一个个额外的奖赏接踵而至。

而我的收获，比他们都大。对于我来说最重要的是，在这个过程中，我找到了我的生命意义的所在：让每一个与我相遇的孩子因我而幸福，让每一个与我相遇的老师因我而成长。

|2|

焦作新教育团队成长得很快，来访考察的团队来得也很快。但是，在前来参观的外地市考察团中，印象最深的是来自湖北随州的一对夫妻。

那是2012年3月的一天，我的手机里突然收到这样的一条短信："张主任，我是湖北随州的包小红。我和老公现在正在开往焦作的火车上，此行目的有三：一是拜您为师，二是学习焦作新教育，三是有很多疑惑请问。打扰您了，请问我明天什么时间可以找您呢？我明天晚上七点就要坐上回家的火车。"

看到这样的短信，我不能不为之感动，我想，也只有新教育有这样的魅力吧，让老师们如此疯狂。

后来我才知道，包老师是湖北随州均川镇一位普通农村教师，一直渴望走进新教育，因为各种原因，湖北随州先后派出的赴焦作参观考察新教育的八批团队她都未能参加，此次她和丈夫专程自费从湖北跑来学习，而且只有一个白天的时间。

其实，当时正值我们新教育讲师团县区行活动，各种工作异常繁忙。但我还是专门腾出时间来，陪这夫妻俩到学校参观。考虑到是农村学校，最好能找些条件相近的学校，于是我带他们来到了解放区上白作乡中心学校。学校的许三营校长是原来的解放区教科所所长，网名山阳人999，也是我们的核心团队成员。

更让我们感动的是，事先我已经向许校长说明，这次只有两个人参观，和老师们座谈座谈，听听课就行。但没想到，许校长还是按照接待几十个人的参观团队来准备，专门布置了新教育资料室，学校的晨诵资料、新教育报纸、读写绘作品、教师专业成长随笔集都已经整整齐齐摆放在那里，在参观完校园简单聊过之后，学校专门安排了项目负责人从学校新教育实践、新教育儿童课程实施、榜样教师的叙事等不同角度进行汇报，许校长说："他们那么远过来，无论如何要让他们不虚此行才是。"

上午交流结束，下起了大雨，许校长留下两位老师吃饭。我顾不上吃午饭，赶去陪高烧的儿子输液。下午安排包老师去修武第二实验小学参观，路上需要四十分钟的车程，又下着雨，他们初来乍到，能不能找得到呢？想来想去，我打通朋友的手机，请朋友帮忙把他们准时送过去……这样的事情太多了，朋友们也见多不怪，毫无怨言地帮助我。现在，包小红老师告诉我，她已经成为随州新教育项目组的兼职人员，已经开始在班里实践新教育的儿童课程。

|3|

早在2011年，焦作新教育团队就被河南省《教育时报》评选为河

南省优秀共同体。

什么是团队？团队就是勇于担当。2012年为了维护我们的实验成果，巩固我们的实验阵地，我们推出了新教育讲师团县区行活动，此次活动的主旨是“走进一个县区，帮扶一所学校，改变一间教室”，我们想更加紧密地贴近一间教室，贴近一所学校，为此，我们先后两次组建了焦作新教育讲师团，三十余位新教育讲师团的榜样教师，走遍了焦作市的十一个县市区，从城市到乡村，从小学到初中……承担才能成长，在一次次挑战自我的过程中，每一个老师都在成长，团队也在成长。

什么是团队？团队就是彼此支撑。我深知，对于一个实验区来说榜样的力量有多么重要。在一定程度上，榜样的高度决定着实验区的高度。没有榜样，团队就没有了方向。能否让经验丰富、备受认可、也一直被学校留在高年级不肯放到低年级的常瑞霞老师顺利地接手一年级，成为2011年夏天我的一个心病。我寻找各方面的关系和力量。终于，2011年9月，在我们几次三番地努力之下，常老师终于达成自己的心愿，着手接了一个一年级，终于可以用六年的时间来书写一个属于自己的生命传奇了。在我们的大力推荐下，常老师不仅成为种子教师，还获得了新教育基金会的支持，践行着自己完美教室的梦想。

什么是团队？团队就是乐于分享。2011年5月21至22日，河南省第三届最具成长力教师颁奖大会在沁阳永威学校召开。来自焦作新教育团队的赵莉莉老师荣获河南省十佳最具成长力教师。焦作市新教育团队被评选为河南省优秀成长共同体。李志强、薛志芳、谢晨光、程爱莉、常瑞霞、赵莉莉代表焦作新教育团队参加了22日夜晚新教育共同体沙龙，向来自省内外的1000余位教师讲述了团队的成长历程。从打造一所理想的学校，到打造一间润泽的教室，到新教育网师海拔五千的穿越到深入网师的艰苦修炼，从师生共读共写共同成长，再到彼此生命的相互编织和激励，他们讲述着自己和团队在新教育路上的收获。因为在江苏淮安参加一个新教育培训，我没能如约参加团队的沙龙。九点半论坛刚刚结束，我就收到了薛志芳校长的短信，分享了他们的喜悦。

什么是团队？团队就是结伴成长。新教育让很多老师有了“重生”的感觉，找到了生命的意义。只是，面对这些行走在新教育路上的同行者，我给不了他们太多的东西，因为种种原因，有时甚至连一纸荣誉证书也无法提供，只有不断的言说，相互的激励。为了让每一个团队成员感受到团队的力量，分享着团队的智慧，我推出了新教育“每日一语”，5月14日开始，老师们的手机里陆续收到了这样的短信：

亲爱的新教育人，从今天开始，您将在每一个工作日的清晨，收到来自团队的问候，分享来自团队成员的智慧。一个人可以走得很快，但一个团队却可以走得更远。让我们以团队的名义成长！

早安，亲爱的新教育人！“一个人走进学校，并不意味着接受教育，当他面对一本书沉醉不已的时候，教育才刚刚开始。”从一所学校开始，从一间教室开始，让我们一起守住教育的底线，让每一个与我们相遇的孩子因我们而幸福，因阅读而成长！

早安，亲爱的新教育人！我们可以不进步不成长，但不可以去堕落。我们可以不优秀不卓越，但不可以去低俗。生命有多种选择，但我们宁要向上生长！

早安，亲爱的新教育人！在教师微薄的生命里，承载着几十个孩子生命的未来。我们今天在孩子幼小的生命中播下的美好事物的种子，多年以后或许会点化一个青年的迷蒙。

魏智渊老师说，对于一个团队而言，最重要的品质是什么，不是创造力之类，而是合作。合作的含义包括：分享资源及想法，更多支持弱者，榜样更多奉献。缺乏合作精神的团队，始终行走在危险的边缘。在我们看来，对于一个团队成员来说，承担才能成长，帮助别人就是在成就自己。

2010年，我有幸入选全国推动读书十大人物，2014年，我又从梅子涵老师的手中接过了“书香点灯人”的证书……我深知，这荣誉不仅属于我，更属于我们团队，属于所有曾经帮助和支持过我的人。在我的身后，还有那么多躬耕在教室里的新教育人，“绝代芳华”“逸士”“听雪”“踏雪寻梅”……没有他们，何来这些额外的奖赏。

|4|

提到团队，还有一些不能不提的人。

“塞外教坛绽奇葩，共煎石汤意气发。又借金风吹野火，更待新绿遍天涯。”

“十年磨砺苦追寻，谁是先师同路人，大爱无疆缘赤胆，穷途辟径见高襟。行知终始唯求道，尼父从来不患贫，朱子胸怀何坦荡，吾侪安敢畏荆榛。”

在鄂尔多斯全国新教育年会上，同行焦作师范高等专科学校的张丙辰校长和人民中学的李志强校长即兴赋诗，一唱一和，祝贺东胜十一届新教育年会。诗词唱和间，尽显他们作为新教育人的一腔教育热血。年会间隙中，张丙辰校长更是不止一次和我说，一定要把新教育的理念及早带给师范的学生。

一走上工作岗位就能成为新教育的种子？说实话，这样的事情，我觉得已经完全超出了我的能力，我不知道该如何去着手完成如此宏大的任务。

鄂尔多斯会议回来不久，我应邀为来自全省各地的继续教育国培班的老师们上课，自少不了言说推广新教育。培训结束，根据学员们的要求，我推荐了焦作十几位新教育儿童课程的榜样教师，安排他们跟岗位实习，走进一间间教室，近距离感受新教育。

很快，我的手机里又收到这样的短信："我们不能放弃这些即将毕业的师范生，要让他们成为新教育的同路人，至少成为知情者。为他们的教育生涯打好底色。""及早进入，阵地前移。让新教育进入师范在校生课程。擦亮蒙尘的眼睛，点燃教育的激情，打好职业的底色，愉悦师生的心灵！"

发来短信的，仍然是我们师专的张校长，这位极富才情并对新教育情有独钟的人。

无论如何也要完成这个任务。我开始和团队的老师们商量，怎样拿出一系列的课程讲座，从新教育通识培训、儿童课程到完美教室、学校文化、理想课堂，让即将毕业的学生在走上工作岗位之前从不同的侧面让大家对新教育有所了解。2012年5月21至25日，为期五天的新教育系列课程成功推出，我和团队成员李志强、薛志芳、赵素香、常瑞霞、薛海波、王璟、齐加全、范通战一起送上了精心准备的十场公益讲座，从走进新教育的通识培训，到儿童课程、农历课程、新教育学校文化、教师专业发展等，受到了学生的热烈欢迎。文学院的司院长在最后的总结中说："这是中文系四百名毕业生的最后一课，也是学校送给他们的一份特殊的毕业礼物，也是他们在师专三年来听到的最好的课。"

而我们多么希望，在这里播下的新教育种子，会在未来更多的教室里开出花来，惠及到更多的孩子们。

|5|

走在这条路上，你会忽然发现，原来还有很多的人，和你一样，会为意义而活。比如，2014年3月1日，我和童喜喜——新教育的专职义工在焦作相见。

在此之前，我和喜喜已经有多次相见。在我眼中，喜喜的优秀是不言而喻的，年轻的“80后”作家，率性爽朗，惜时如金，走路做事从不拖泥带水，看人说话总是一针见血。第一次见她，是在海门年会上，第一次读她，是她那篇“我要做个新的孩子”的长帖，第一次认识她，是她毅然决然地成为新教育的专职义工。我们曾因为新教育而相识，做着各自的事，几次不多的交往，让我们彼此欣赏，偶尔也会赞美对方，但我从未想过，我们的生命会有更多的交集，会彼此编织在一起。

3月1日的这次相见，是喜喜专程从北京赶到焦作，希望我能够担任新教育种子计划项目负责人。喜喜告诉我，她是最聪明的人——因为只有她会想到让我来做种子教师项目。她说她太了解我对一线老师的感情，也太了解我们焦作新教育榜样的成长故事了。她希望我能够接受这个项目，引领带动全国更多的一线教师，不断超越自己，成为新的榜样。就这样，在她的软磨硬泡中，我俩重新规划项目，贡献着彼此的智慧……就这样，我不知不觉踏上了新的征程。

2014年3月18日，新教育种子计划项目的第一次热身活动——种子教师孟州现场会在焦作孟州的韩愈小学和育新小学举办。来自三门峡、安阳、洛阳、漯河的外地考察团近200人和新父母研究所的李西西老师、新教育萤火虫项目的望鱼儿老师一起参加了会议。在活动现场，来自新教育春季种子党玲芬老师的“丁香班”班级叙事让在场的老师们震撼不已，我们看到了浸润在美好事物中，孩子的精神生命所拥有的场域和高度，一间教室所拥有的尺度，也看到了一间不平庸的教室如何一点点变为现实。

2014年4月12日，新教育年度实验区会议在甘肃庆阳召开。借这个全国新教育同仁大团聚的机会，暗访有着优秀潜质的教师、拜访可能为项目提供支持的专家、探访可能一起来做项目的老友……那几天，每天深夜晚晚睡，清晨早早起，说不完的话，谈不完的心，身体非常疲劳，精神极度愉悦。

2014年4月23日，新教育实验开放周在武侯实验中学附小召开。这一次会议喜喜没参加，我在给她的邮件里写道："我和飓风大姐疯聊了很久很久，喜喜呀，我们这些人还是少见面的好，你知道为什么，聊聊聊，大家聊得不肯睡觉，身体受不了啊，哈哈哈！你知道我是第一次见飓风，就好像采矿的人突然发现巨大的金矿一样，又好像被馅饼砸了一样，虽然一直知道她，但从没想着我们会有交集，这些都是宝贝，站在那里不说话都是力量！还有这次还见到雪依然了，像认识了很多年一样。李玉龙老师没在成都，但回短信说我们有安排，无不遵守。你知道吗，我很累，但很激动，很开心。"

而我筹备的5月24日的另一场约会"认识未知的自己——全国首届新教育种子教师研修营"，正在等待着种子教师。我期待在那里，我们不仅遇见优秀，遇见榜样，还会遇见未知的自己。我们为同伴喝彩，也为自己加油，点亮自己，照亮他人，温暖前行，始终坚信未知的自己在高处。

——在那里，有更好的自己。

|6|

在给种子教师的一封信里，我曾经这样写道：每一个不曾起舞的日子都是对生命的辜负。有一天，当我们走进任何一个新教育种子的教室，我们都能够看到充满个性而富有新教育特质的班级文化，都能够分享一年里每一天、每一月、每一学期、每一学年所走过的，我们的课程之旅和生命叙事。所有看见它的人，都会说，这是一间多么与众不同的教室，这是一间新教育的完美教室，从这间教室里走出的每一个人是那么的与众不同。这不仅是我个人的心愿，也将是我们团队的愿景。

这些和新教育同行的日子，我一直坚持把自己的生命与智慧，与那些具体的教室、具体的课程、具体的老师紧紧联系在一起，关注每一个实验教师的悲喜，关注每一间教室里的故事。

我一直想，这样，新教育的根或许就可以深深地扎下来。

很多人说，走在这条路上，是寂寞的，能够坚持下来的，一定是拥有一个强大的内心世界的人，是一个可以用自己的力量抵御外界的各种诱惑的人。其实，走在这条路上，也是幸福的，那些额外的奖赏，那些属于我们的庆典一直未曾远离。

对于我和我的团队而言，新教育是一段旅程，见证着师生生命的成长；同时新教育也是一条路径，帮助我们抵达幸福完整的教育生活。更重要的是，新教育，它是我生命的一部分，或许，也是自己生命意义之所在。

感谢这些人，这些事
让我学会了像树一样
站立沉默缓慢地生长
用自己的行走
刻写岁月

感谢这些人，这些事
让我学会了像鸟儿一样
飞翔远行在高处栖息
沿着季节的方向
追寻温暖

感谢这些人，这些事
给了我白天的忙碌，夜里的睡眠
还有，生命中无数次的惊喜和感动

以及对未来不灭的希望

网名：水岸边　　河南省焦作市教科所

童喜喜点评

硕果，巨大的果实，生命的奇迹。

一粒普通的种子，如何缔结令人艳羡的硕果？不是因为阳光特别灿烂，雨露特别滋润，土壤特别肥沃。

如果一切风调雨顺，一粒有生命力的种子处于这样优越的环境里，的确会比一般条件下成长得更好，会结出丰满的果实。但是，那称不上硕果。

甚至，人世间更多是天灾人祸，对这粒普通的种子而言，也不例外。要么阳光酷热俨然要烤焦一切，要么雨水泛滥四下洪水滔天，要么大地贫瘠有如铁板一块……在这样的境遇里，一粒普通的种子，结出果实已是不易，又如何缔结令人艳羡的硕果？

其实很简单：不断回归最初，不停重新开始。

如果种子有心，就会这样行动：第一次结出的果实，从中选择最大的继续培育，其他的弃之一旁……第二次、第三次、无数次，如此反复。

这样不断地培育、收获，不断地舍弃、重生……最终，就会看见自己想不到的果实。

人，就是在岁月的长河里，这样淘洗自己。

而只有极少数人，会这样持续不断地淘洗自己。

而所有奇迹，都来自这种智慧的坚持。

——这就是硕果的奇迹。

附录二　心为火种

——新教育种子教师喜悦汇聚令

生命，总在天空与大地之间。生活，总在理想与现实之间。

我们追寻着，或许，已是满心疲惫，正在坚持与放弃间挣扎……

我们相信着，或许，已然疑窦丛生，正在叩问与麻木间犹豫……

我们行动着，或许，已经伤痕累累，正在前行与退缩间徘徊……

可我们相信——

“人心不会熄灭，但它可能蒙上灰烬而不再燃烧。灰烬本来是燃烧的产物，但它反过来又抑制了燃烧。拨开灰烬，你会看到重新燃烧的人心。”

心为火种。

我们不是脆弱的理想主义者。我们是柔韧的现实理想主义者。如果你迄今仍然没有放弃拨开灰烬的努力，欢迎与我们在“新教育种子计划”公益项目里并肩。

我们呼唤这样的你——

种子计划公益项目呼唤符合以下特征的一线教师（含实习教师）汇聚，共同组建学习共同体：

1.具备职业道德，对教师一职有着高度职业认同。

2.高度认同新教育理念，从加入本公益项目开始，愿意在自己的教室里积极践行及研发新教育课程。

3.有强烈的成长渴望，乐于学习，能在繁重工作之余坚持学习。能坚持对自己的教育生活进行记录与反思，和学生共同成长。

4.有团队意识，乐于合作、甘于奉献，尊重他人，愿从小事做起。

5.自觉遵守本公益项目的相关规章制度。

我们回避这样的人——

1.愤世嫉俗、空喊口号，只知抱怨社会抱怨制度，不愿做好分内之事的自大狂。

2.把共同体视为获取名利的捷径和场所，只想“我能得到什么”，不想“我能为团队做些什么”的自私鬼。

我们一路如此走来——

2006年开始，新教育研究中心以访问学者等方式，对种子计划项目进行了初步探索。后因研究中心人手有限、工作方向调整而搁浅。

2010年11月至2012年5月，作家童喜喜应邀重新启动该项目，以义工身份、以朋友资助与个人稿费为资金支持，探索发展了该项目。

2012年6月至2014年1月，该项目正式纳入新父母研究所的工作规划，成为新教育基金会支持的正式项目，得到华严集团的资助，先后由已担任新父母研究所所长的童喜喜、执行所长蓝玫、研究员敖双英负责维护该项目。

2014年2月底至今，新教育焦作实验区负责人、任职于河南焦作市教科所的张硕果老师应邀担任项目负责人，全力推动该项目。

我们准备这样走下去——

1.种子教师分为四个级别：

A.预备种子教师

冬至种子（萌芽期）

B.正式种子教师

春分种子（破土期）；

夏至种子（成长期）；

秋分种子（成熟期，功勋种子教师，推荐至干国祥老师主持的“完美教室计划”项目）。

2.晋级流程

A.报名批准后，经过2个月的共读学习，通过考核者，具备冬至种子教师资格。

B.必须经过最少6个月的学习，通过考核的冬至种子教师将晋升为春分或夏至种子教师（根据表现，可直接跳级）。

C.不同级别的种子教师，将相应得到从图书漂流到全方位资助课程研发等不同规格的资助。

3.冬至种子教师享有的权利为：

A.得到新教育完美教师缔造者以及其他种子教师的指导。

B.参加种子计划特邀各行业专家线上、线下的内部交流。

C.参加网络研讨、共读、课程协作开发。

D.参与种子计划评奖，跳级晋升种子教师。

E.本项目的教师共读图书、学生共读书漂流。

F.协助进行各种新教育培训的报名。

G.优先参与新父母研究所的其他各项目和活动。

4.申报日期：每年12月1日—1月15日；7月1日—8月15日。

我们希望这样了解你——

1.提交不少于5000字的个人阅读史。（阅读史范文请到教育在线论坛以“阅读史”为关键词搜索。）

2.提交自己最满意的一份其他作品。（任何体裁均可，如文章、照片、卡拉OK录音、舞蹈视频、书法作品等等。）

3.个人清晰生活照三张。

4.个人信息：真名，网名，通信地址与邮编，工作单位（或实习单位），QQ号，手机号。

联系信箱：xjyyhc@126.com

注意：申请加入，邮件主题请注明“种子申请”；咨询问题，邮件主题请注明“种子咨询”。否则可能不予回复。

我们习惯了仰望，却孤独站立在茫茫大地之上。我们不愿跪倒，因此默默生活在现实重压之下。

孤独沉默了太久，以至我们几乎忘却：每个生命的诞生，本都是一个奇迹，一场胜利。我们每个人的存在，本应自有价值。眼下我们正在度过的，是自己唯一的人生。

而今天，恰恰是此生最年轻的一天。

倘若你心为火种，此刻何不倾情燃烧？

——点亮自己，照亮他人！

附录三　新教育实验用书

2014年，新教育实验重新推出“新教育文库”的通识书系、萤火虫书系、蒲公英书系，均为新教育实验用书。

因版权等原因，另有其他实验用书暂时未能收入“新教育文库”中。特将书目集中推荐如下。

1.《朱永新教育作品集》16卷，朱永新著

——新教育发起人朱永新教授的代表作。中国人民大学出版社。各册书名分别为：

卷一《中国古代教育思想史》

卷二《中国近现代教育思想史》

卷三《中国当代教育思想史》

卷四《中国本土心理学研究》

卷五《我的教育理想》

卷六《我的阅读观》

卷七《中国新教育》

卷八《新教育讲演录》

卷九《新教育对话录》

卷十《走在新教育路上》

卷十一《写在新教育边上》

卷十二《中国教育观察》

卷十三《外国教育观察》

卷十四《教育心理学论稿》

卷十五《中国教育评论》

卷十六《中国教育建议》

2.《朱永新教育小语》，朱永新著

——精练而系统地以格言形式解读新教育。福建教育出版社。

3.《理想课堂的三重境界》，干国祥编著

——构筑理想课堂用书。漓江出版社。

4.《教师阅读地图》，魏智渊编著

——教师专业阅读用书。漓江出版社。

5.《苏霍姆林斯基教育学》（上、下），魏智渊编著

——教师专业发展用书。漓江出版社。

6.《孩子的早期阅读课》，马玲编著

——“读写绘”项目用书。漓江出版社。

7.《一生有用的十二个好习惯——新教育实验“每月一事”项目操作手册》，新教育实验总课题组编著

——“每月一事”项目用书。天津教育出版社。

8.《做新教育的行者》，许新海著

——实验区推动新教育实验的经验总结。福建教育出版社。

9.《教育生活的救赎》，许新海著

——对用新教育理念重建教育生活的理论探究。山西教育出版社。

10.《澳洲课程故事——一位中国著名校长的域外教育体验》，许新海著

——以新教育之眼观照、审视、学习澳洲课程的教学理念和具体做法。福建教育出版社。

11.《生命中最好的语文课》，干国祥著

——深度语文课堂实录，描绘理想课堂蓝图。漓江出版社。

12.《破译教育密码》，干国祥著

——15年教育教学总结与反思。漓江出版社。

13.《24节气诵读古诗词》，常丽华著

——“农历的天空下”课程实录。漓江出版社。

14.《教室，在书信中飞翔》，常丽华著

——榜样教师在海外游学时以信件与国内学生的交流。教育科学出版社。

15.《完美教室——中国百合班的故事》，俞玉萍著

——初中榜样教师缔造完美教室的经验。南京大学出版社。

16.《一间可以长大的教室》，海门新教育研究中心编著，许新海主编

——新教育班主任的班级建设经验汇编。南京大学出版社。

17.《改变，从习惯开始》，顾舟群著

——小学低年级段的家校信。教育科学出版社。

18.《小学创新作文教学设计28例》，牛心红主编

——绛县实验区自主研发的习作课程。中国轻工业出版社。

19.《小学学校仪式设计20例》，牛心红主编

——新教育小学与班级的常见仪式设计。中国轻工业出版社。

20.《中学学校仪式设计16例》，张硕果主编

——新教育中学与班级的常见仪式设计。中国轻工业出版社。

21.《新中国教育实验改革》，张荣伟著

——新中国60年的教育实验。天津教育出版社。

22.《与理想同行——新教育实验手册》，新教育理论的实践及推广研究总课题组编

——新教育项目的操作指南。福建教育出版社。

23.《新希望工程——媒体眼中的新教育》，章敬平主编

——新教育实验新闻报道汇编。福建教育出版社。

24.《那些新教育的花儿》，童喜喜著

——新教育人的报告文学集。福建教育出版社。

25.《新教育的一年级》12册，童喜喜著

——小学生、父母、教师共读的综合项目用书。二十一世纪出版社。

26.《新教育小学英语晨诵》8册，海门新教育研究中心编著

——小学3到6年级英语晨诵教材。南京师范大学出版社。

27.《新希望工程》，新教育研究院主编，储昌楼、刘恩樵编著

——新教育实验2000～2006年鉴。文化艺术出版社。

28.《过一种幸福完整的教育生活》，新教育研究院主编，刘恩樵编著

——新教育实验2006～2007年鉴。文化艺术出版社。

29.《共读共写共同生活》，新教育研究院主编，朱寅年编著

——新教育实验2007～2008年鉴。天津教育出版社。

30.《知识、生活与生命的共鸣》，新教育研究院主编，许新海、吴勇、钱珏编著

——新教育实验2008～2009年鉴。文化艺术出版社。

31.《书写教师的生命传奇》，新教育研究院主编，陈连林、杜涛编著

——新教育实验2009～2010年鉴。文化艺术出版社。

32.《文化，为学校立魂》，新教育研究院主编，陈连林、杜涛编著

——新教育实验2010～2011年鉴。文化艺术出版社。

33.《活出中国文化的根本精神》，新教育研究院主编，杜涛、范静、丁洁编著

——新教育实验2011～2012年鉴。文化艺术出版社。

后记：有种，来吧！

选编这本书，是又一次心潮澎湃的灵魂涤荡。我相信，读者阅读这本书的过程，也会如此。

在编辑这本书的时间里，我照常保持着每天基本上5：30到23：00的工作时间，并且因为过于沉醉，精神高度亢奋，中午怎么也睡不着午觉，身体非常疲惫。但是，这样集中而专注地编辑本书，更让我感到极为幸福——阅读这些文字，是融入火热的生活，触摸滚烫的灵魂。我不得不再一次重复：我这一生最大的幸运，是在这个时代中，能与这样的一群人同行。因为我是一个极容易堕入虚无的人。是从这群人的身上，我获取着源源不绝的热量。与此同时，也是从为了更好服务于大家的教学出发，我也萌生了对教育的兴趣。

特别感谢春衫媚、浅画春山、冷清秋、望鱼儿帮助我收集、汇总相关资料，为我节约了大量时间，这本书才得以按计划面世。

从2012年开始，新教育种子计划项目按照春夏秋冬进行分层管理。因为篇幅所限，这本书只是结集了新教育种子计划春、夏、秋季部分种子教师的文章。有大量优秀的冬季种子教师叙事未能选用，极为遗憾，只能留待今后再弥补。

2014年5月25日，新教育首届全国种子教师研训营在河南焦作拉开帷幕。这，也标志着新教育种子计划项目进入了新的阶段——张硕果担任项目负责人的时代正式开始。

毫不夸张地说，我在2014年最大的收获，就是能够邀请到硕果姑娘担任种子计划项目负责人。我第一次觉得我是一位天才，因为，想出邀请硕果的这个主意的人，不是别人，是我！

走进新教育5年，5年贴近一线的摸爬滚打，让我对教育、教师也日益挑剔，越来越难以动容。但是，研训营里的种子教师展示环节，我听着一位被硕果关注、培育多年的种子教师讲述自己教室里的故事，忍不住当时偷偷发了条短信："硕果，你真是了不起！真是太为你骄傲了！她的讲述听得我老人家的鼻子都酸了！"

"我也是，我的使命就是要一个接一个发现和成就这样的老师！我知道她们背后的艰难和故事！"硕果回答。

……

我该怎么说呢？我只能赤裸裸地这样说：我爱这一群人！我爱这样的相遇！不是因为其他，而是因为能够与这样的人相遇，相知，相惜，相伴，工作才有价值，生命才有意义！

如果有种，你也来吧——让我们一起！

6月10日晨于北京

谨以此书

献给新教育种子计划公益项目捐助者

华严集团董事局主席徐锋先生与所有董事

推动教育创新，改良中国教育！

心为火种，同心同行！